本书出版得到文化名家暨"四个一批"人才项目、浙江省"万人计划"人文社科领军人才项目、浙江大学一流骨干基础学科建设计划、杭州市上城区政府的资助

中国城市街道与居民委员会

档案史料选编

（第六册）

1964—1975

毛　丹◎主编

陈　军　任　强　哈　雪◎副主编

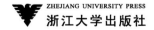

ZHEJIANG UNIVERSITY PRESS

浙江大学出版社

主编单位

中国社区建设展示中心

中国社区建设展示中心是民政部批准建立,集史料陈列、文物展示、理论研究、文献收藏、社区实务于一体的社区建设专题类展览馆。建成于 2009 年 12 月 21 日,经过 10 年发展,中国社区建设展示中心已发展成为中国社区建设的历史课堂、研究基地、实践样板和对外窗口。中国社区建设展示中心由基层组织历史厅、社区建设发展厅、社区治理成果厅、"左邻右舍"社区治理创新园等展馆组成,全方位展示了我国社区建设的历史演进、发展现状和地方经验。

民政部—浙江大学全国民政政策理论研究基地

民政部—浙江大学全国民政政策理论研究基地以浙江大学城乡社区研究团队为基础,在民政部政策研究中心、基层政权与社区建设司以及浙江省民政厅的指导帮助下,致力于农村社区建设与乡村振兴研究、城市社区建设与城市社会治理体系研究、地名文化研究。基地秉承"服务浙江、辐射全国"的发展理念,关注浙江及全国其他地方的城乡社区、社会治理重大理论与实践问题,形成了一批立足于实践发展的民政政策与理论成果。

丛书说明

20 世纪 50 年代初以来,我国的街道和居民委员会(以下简称居委会)长期承担基层管理和组织城市基层社会的功能,形成了我国独特的城市社会样态。居委会与基层社会是理解中国社会不可或缺的视窗。改革开放后,社区建设与基层社会治理的重要性日渐突出,居委会、社区、基层社会的性质与功能、理论与实践都经历了更为复杂的变迁。系统整理、研究居委会与城市基层社会的历史档案资料,对于理解我国基层社会的变迁,研究其发展方向,提升社区治理现代化水平,当有独特的价值。

民政部—浙江大学全国民政政策理论研究基地与中国社区建设展示中心自 2010 年开始酝酿本丛书。近十年来,在民政部支持下,我们以 1949 年至 2000 年为时限,征集、收集了有关街道和居委会工作的档案资料,包括中央和地方的重要政策文件、工作报告、工作记录以及一部分重要的报刊资料等 1000 多种。现在,我们从中选择部分档案资料汇编成第一辑共 10 册。这里对收录的内容作几点说明:

1.《中国城市街道与居民委员会档案史料选编》系自中华人民共和国成立以来首次对全国范围内城市街道与居委会档案史料进行整理和编选,由民政部—浙江大学全国民政政策理论研究基地和中国社区建设展示中心合作完成。

2. 主要依据文献的学术研究价值和实践意义进行筛选,收录发布时间最早及内容最完善的资料,文献内容包括但不限于城市和街道居委会的设立过程、制度建设、组织完善及各项具体工作的计划和成果报告,以及相关报道和研究。

3. 编印按照原件发表时间排序,时限为 1949 年至 2000 年,1949 年前的相关资料收录于附录中。个别年份(1967 年至 1970 年,1974 年)因档案未解密或搜集到的资料质量不佳等原因未予收录。

4. 早期城市街道和居民委员会工作人员提交的部分报告和工作记录中存在较多明显的别字和语病,为方便读者阅读,编者在不改变原义的前提下进行了校订,文中不再一一指出。对文中出现的方言、惯用语和生僻词等,则以脚注形式进行说明。

5. 由于档案文献有政策文件、工作报告、新闻报道、期刊论文等多种形式，标题格式不一，为便于读者检索，编者重拟了部分档案文献的标题，并将原标题列于脚注中。丛书按通行的书籍格式横版排编，资料来源加"【】"标注；无法辨析的文字，用"□"标注。

6. 档案原件主要来源于中央及各地方的档案馆、各地民政相关部门，少量来自政府工作网站。所用资料均经过核实，资料的出处标于篇末。

7. 为科学客观反映我国基层社会变迁，编者保留档案文献中反映各时期政治过程在基层社会影响的内容，希望读者正确鉴别。

《中国城市街道与居民委员会档案史料选编》编委会

2019 年 6 月

目　　录

1964

杭州市上城区关于东坡路居民区当前情况的调查①

一、社会失学无业青少年的思想活动情况

东坡路居民区现有失学无业的 16～25 岁青少年共 67 人。当前思想活动情况和在家缘故：(1)多数是不上学校的，有 42 人；(2)因病身体不好的有 11 人；(3)精简回家的有 5 人；(4)自己不喜欢读书的有 8 人。当前想法：(1)想回学校继续升学；(2)想在城市找工作；(3)部分人想去参军。一般的都怕去参加农业生产。从活动情况来看，大都能在家帮助搞家务，自学补习功课，部分自己找临时工，当代理教师，临时补习全科。也有的自己找门路去做学徒，如通过私人关系去做学徒的，有学修自行车的 1 人，学水电接线的 1 人，学理发的 1 人，学皮履的 1 人，学做伞骨的 1 人，还有自小跟着父亲学画像的 1 人，亦有少数吃吃玩玩、品质恶劣的，如七组青年殷有信在□年自动离开运输队，回家后受到母亲搞投机影响，不顾劳动吃吃玩玩，打扮成"土华侨"，为争风吃醋经常结伙与华侨打架。如青年杨智生本学修自行车，因故被开除，后两次支农逃回，现在居民区影响很坏，并以卖血收入为生。如四组青年杨思祥经常在外做临时工，有时虽说在建筑工地做临时工，但到单位去找是找不到该人的。如一组现有 16～20 岁青少年 17 人，其中女的 10 人，主要原因是考不上学校，有 13 人是高小文化，有的已失学多年，有的已几次考不上学校。从当前活动可看出性别差异，如女的都能帮助家务和在家自学，如品质不好的 4 个都是男的。家庭教育不好，旧军属家庭出身的苗林、余雪儿经常结伙到西湖去偷鱼，深夜出发，天亮回来，把偷来的鱼拿到集市去卖。其中余雪儿有一次看到另一个小孩捡到 10 元钱就抱住该小孩的头颈，抢分到了 6 元钱去花掉。还有如失业在家、出身家教不好的翁天高在学校打老师的巴掌，被开除在家，吃吃玩玩。

当前青少年家长的思想要求，也是三想一怕。一想子女能考取学校继续升学；二想子女能在城市找上工作做，好多赚点钞票；三想不能升学在城市找不到工作，还是弄好家里，帮忙家务，自学补习。但主要怕动员子女去参加农

---

① 原文标题为《关于东坡路居民区当前情况调查》。

业生产,如有的资产阶级子女的父母亲,想现在家庭经济情况还好,国家有困难,能承担国家困难,考不取学校,可养他们在家,就不想他们赚钞票。如五组高忆春说:"我儿子读书已有基础,一定要培养他考上专科学校,将来有门技术,可多赚钞票。"如资本家杨志远说:"要我女儿去支援农业生产,情愿叫她在家,养她一天,吃一天。"有的家庭经济困难的父母,也不愿子女去参加农业生产。如六组李菊英的亲人李加梅说:"我们是苦过来的,在家有粥吃粥,有饭吃饭,女儿养得这么大,还要她到农村去,我们不要依靠政府救济。"如八组的陈翠金说:"要我儿子去参加农业生产,我马上去死,儿子去农业生产没有指望。假使去参军三五年就回来,假使不回来会升官。"如七组搞投机贩卖的包瑞芬说:"我有两个儿子在改造,这个儿子要留在身边,他现在虽无业不好,但改造条件还不够,叫他去农业生产是不去的。"总的情况反映,对农业生产意义认识不足,怕去参加农业生产。

二、适龄儿童和当前中小学生放暑假的活动情况

东坡路居民区今年报名的适龄儿童共 84 人,放暑假在家的中小学生共494 人。放暑假后学生的活动情况一般都较好。如三组居民干部陈维莹说,今年放暑假小孩最安稳,买菜做小生意的一个都没有,在外面玩的极少,帮助家务的多,在家自学补习的多。据了解,确实大部分都由学校在放假后进行组织,有自学大组、小组,一部分组织在东坡路居民俱乐部活动,有的父母管教在家,只有少数的自由活动。主要在外面贪玩,拍洋片打弹子,丢石子,亦有个别到西湖钓鱼。由今年适龄儿童报名后家长反映的情况来看,多数父母怕子女分配到民办小学读书。如居民干部盛维银、陈维莹说,假使分配到民办小学读书,以后搞居民工作都不积极。又说,到民办小学读书,情愿叫子女在家玩。

三、卫生和家禽饲养情况

东坡路居民区原共有厕所 5 处、倒粪池 4 处、窖缸 75 处、饮井 25 处,饲养家禽的居民占总数的一半,有 170 户,共饲养鸡 725 只、鸭 14 只、鹅 11 只、兔子 38 只。由于饲养家禽情况较多,大部分能做到圈养和勤扫鸡粪,所以居民相互间的意见较少。厕所管理情况:其中一处是公共厕所,由环卫处负责管理。居民区 7 处墙门厕所都由居民轮流管理,其中一处系新山轧石厂厕所,无人管理,影响居民区环境卫生。居民区的家庭卫生搞得较好,存在的问题主要是里弄的环境卫生较差,对里弄阴沟的打扫无制度规定,如龙翔里一弄一条明沟,从前门看是七组的,从后门看是六组的,但前后大家都不管。还有少数职

工家庭宿舍的公共环境卫生搞得较差,如学士里100号墙门内的周围环境很少扫到,龙翔里一弄窨缸长期不疏通,已淤塞,臭气四溢,尚有少数居民到晚上随地大小便,尤其是学士里、龙翔里一弄一些地方。当前居民区怀孕工作开展一般情况较好。1958年至1963年上半年的生育情况为:共生小孩350名,其中男的174人,女的176人。1958年出生76人,1959年出生65人,1960年出生69人,1961年出生51人,1962年出生73人,1963年上半年出生26人。[①]1960年和1962年这两年的死亡情况为:共死亡34人,1960年死亡19人,1962年死亡15人。

四、居民生活困难情况

现有生活困难的居民21户,对其情况进行分析,每月救济补助的4户,其中单位救济补助2户,由亲戚负担供养3户,依靠人家负担的3户,拾纸板、洗衣、手工缝补自力更生的3户,平均每人收入较低尚能勉强过生活的8户。从居民区救济过的2户的情况来看,一户是孤老每月救济9元,尚能过生活,还有一户因主要劳动力去劳教,现一家五口,又有妇女要分娩,虽每月补助20多元,但生活亦是困难的。户主困难原因,主要是年老孤独,其次是人口多、收入少,个别的是主要劳动力去改造和无业。

五、居民区劳改处理过无业人员情况

对居民区无业人员情况进行分析,如管制人员肖献书,贪污释放,本是支农后回杭,现一家三口,无业,现年已50多岁尚无工作可安排。施少震,现无业在家,一家五口,虽三人参加工作,但工资收入较低,生活困难要求搞摊贩,但身体有病,年龄已50多岁。如管制的杨云程(已53岁)等人都丧失了工作条件。最近强制劳动回家的金锦荣,有劳动力,要求工作,可动员支农,但动员他支农不肯去。

六、居民区卖血人员情况

居民区卖血人员共27人。就情况进行分析,属居民的15人,其中职工家属10人,摊贩3人,在单位企业工作的9人。从经济情况来看,较好的5户,一般的13户,较困难的9户。现有病停止卖血的4人。卖血人员较多的主要

① 原文数据有误。——编者注

原因:首先,1958年街道仍动员居民去卖血,所以有些居民已成习惯,长期贫血。对卖血的收入,一般居民是补贴家用,有的用来添置衣服,有的自己多买营养品来吃,少数的如摊贩徐庆云、赵郦云等人,在1962年以卖血的钱做投机贩卖的资金,尚有个别的家庭确实困难。其次,每次抽血400~500CC,可得现金52元,还有营养品照顾,对身体影响不大,有的以卖血作为额外收入来源。六组三轮车工人家属俞杏姑卖血已达6年。

七、对居民区缺粮情况和危险房屋的介入情况

当前居民吃粮情况基本较好,原因是做到有计划吃粮。现有缺粮的18户:一是从事强体力劳动的,如做临时工拉铜丝车;二是居民区搞卫生的;三是小孩多胃口大不够吃的;四是吃粮无计划安排的。但发现问题不严重,街道都能适当补助,少数居民向贸易货场买几斤。14户危险房屋中,有公家的9户和私产的5户,危险主要是墙头裂缝屋漏,白蚁吃空。

八、关于居民干部存在的问题

东坡路居民委员会长期以来没有会议制度和学员制度,所以居民委员会本身是没有会议活动的。现有52名居民干部,发挥作用的共17名,全面发动居民干部作用不够,部分居民干部在思想上还有影响到干部之间团结的问题。如现计划主任沈永光原是居民主任,现改选认为自己是个党员还不能当居民主任,工作情绪不高,认为多一事不如少一事,怕麻烦。现妇女主任盛维银原为治保主任,改选后当不上治保主任,内心有意见,有计较地位的思想,在妇女主任工作上不够团结,工作态度时冷时热。现卫生文教主任李秀娥,由于个人利益没得到解决,对街道领导有抵触情绪,主要是街道服务站报销,没有安排她工作。个别小组长亦有情绪,如第六小组组长莫阿香原工作很积极,现选拔盛维银当了妇女主任,过去还是莫阿香带她出来的,互不服气,认为"你出来搞工作我不出来搞"。少数个别的在这次运动中相互猜疑,如第二组的姜文乡和吴彩玉认为"过去你批判我,吃你苦头,这次我要反映你,要你吃点苦头",相互闹意见,用词嘲讽。还有部分居民干部选上干部也不出来工作,认为自己家里事情都管不了,何苦出来搞居民区工作。上述情况自上级选举后存在至今,还有思想情况虽不严重,亦影响到居民干部之间工作团结的。

1964 年

【由杭州市上城区档案馆提供】

杭州市上城区涌金街道紫城巷居民委员会主任
关于如何搞好整个居民区工作的一些体会①

主席团,各位代表:

我们听了江区长关于街道工作形势和任务的报告,深深感到鼓舞很大,并坚决保证把报告和这次会议的精神贯彻到今后的实际工作中去。现在我把我们紫城巷居民区过去一年的工作情况和怎样做好居民委员会的工作向大会作如下发言:

1963年我们居民区在街道党委、街道办事处的直接领导下,和其他兄弟居民区一样,胜利地完成了上级布置的各项任务,工作比过去做得更细致扎实,取得了比1962年更为显著的成绩。这一年,通过社会主义教育,特别是通过阶级教育和开展"六好"活动,居民干部和广大群众的阶级觉悟和政治热情有了空前的提高,干群之间更加亲密团结,革命精神不断发扬,正在改变着全体居民的精神面貌,居民区出现了一片生气勃勃的新气象。现在要求进步、积极参加会议的人越来越多,90%以上的居民群众都能积极参加各项政治运动。相信科学、破除迷信的人越来越多,除掉了祖宗堂、财神堂,换上了毛主席像,写上了"听毛主席话,跟共产党走"大红对联。响应党和政府号召的人越来越多,农村来的职工家属基本上都愉快地回农村去了,去年又有10名青年到农村第一线大显身手。

这一年团结之风有了进一步发扬,干部关心群众,群众爱护干部,干群一条心,亲如一家人。一人有困难大家帮,邻居好比亲人。如第三组85岁的张明金,是个孤老,患高血压,一时晕倒,情况非常严重,干部马上用担架将他抬到医院去抢救,张明金病好出院以后,仍卧床休养,全部生活都由副组长姜兰英同志照料,做饭、煎药、洗衣、搞卫生,还不时关心他的冷热,使张金明很快恢复健康,其他居民都说:"新社会的好干部,比亲人还亲!"又如第五组21号墙门的10户人家,团结和睦亲如一家,数年来如一日,有事大家帮,从不闹意见。

---

① 原文标题为《如何搞好整个居民区工作的一些体会》。

　　这一年勤俭持家有了进一步开展,收入多的能富日子当穷日子过,收入少的能精打细算,安排好生活,除救济户外,全部参加储蓄,像章叔衡一家三口每月收入 20 元还储蓄 3 元。

　　这一年教育子女工作做得更细了,认识到培养红色接班人的重要性,除了居民区的集体教育外,许多家长既言教又身教,用回忆对比教育子女。如吴阿珍经常向子女讲家史,教育子女不要忘本,她的一个儿子参军,另一个孩子被评为"三好"学生,女儿结婚完全做到新事新办,不铺张浪费。通过教育,居民区出现了不少好人好事,如邓金锋过去贪玩,不爱读书,还经常把家里东西拿出去卖掉买东西吃,通过干部和群众的教育,现在变好了,有一次还奋不顾身地跳进浣纱河救出了 4 岁的葛富英。

　　这一年卫生工作水平进一步提高,更加经常化,现在除四害讲卫生更加深入人心,大多数居民自觉行动,不少地方出现了检查和不检查一样,雨天和晴天一样,节日和平时一样的现象。在比学赶帮活动中,第三组已超过了标兵第一组的水平,整洁户占比已达 98％以上,保持了市卫生先进单位的光荣称号。

　　这一年治安保卫工作进一步加强,保障了生命财产的安全,维护了社会秩序,在同阶级敌人和自然灾害的斗争中,干部分工负责,干群团结一致,行动迅速,认真负责,一年来没有发生大的案件和灾害事故。进一步密切了党和群众的关系。

　　现在将开展"六好"活动前后的情况做个大体的比较。

	政　治 思想好	团　结 互助好	勤　俭 持家好	教　育 子女好	清　洁 卫生好	安　全 保卫好
过去	191 户	183 户	143 户	196 户	210 户	231 户
现在	397 户	346 户	329 户	269 户	400 户	400 户

　　我们之所以在工作中会取得一些成绩,主要是由于党和政府的正确领导,由于广大居民的积极努力。这首先要归功于党,归功于广大居民群众;其次我们全体干部也做了一些工作,尽了一点力量。我们在工作中有一些成功的体会,也有一些失败的教训,现在谈谈几点粗浅的体会。

　　(一)通过一年的时间,我们认为开展"六好"活动是群众进行自我教育的一种较好形式,是推动居民区各项工作的一个好方法。因为公约是群众自己订的,公约的内容又结合了群众的切身利益,因此在执行中群众的自觉性很高,做到了个人利益与集体利益相结合。同时"六好"公约在政治思想好的前提下比较全面地带动了居民区的各项中心工作,使居民区的各项工作能平衡发展,不至于顾此失彼,克服了以往抓了中心丢了一般,抓了突击放松经常的缺点。"六好"活动是一项深入细致的工作。首先,我们进行了排队摸底,掌握了整个居民区有关政治思想、经济生活等的情况,抓先进苗头,树立标兵,如节约标兵、卫生标兵、教育子女标兵、团结互助标兵等等;其次,通过大会、小组会、家庭会等各种类型的座谈会,以及个别教育,把开展"六好"的重要性、要求和内容,在群众思想中落脚生根;在做好宣传教育的基础上制订"六好"公约,根据具体情况,有每户单独制订的,也有几户联合制订的,作为群众自觉行动的准则。我们选择第六小组作为试点,摸索工作方法,得出经验。如在家庭会中,干部要用谈家常的方式进行工作,要心平气和,不能操之过急;制订公约时要避免流于形式,注意根据具体情况缺啥补啥,从实际出发,对个别不愿制订公约的居民要耐心说服和等待,坚持正面教育,不能粗暴强迫;在全居民区推广以后,要定期检查,不断提出要求,丰富内容,改进执行中不够的地方,这样才能使"六好"活动经常持久地巩固下来。

(二)政治思想工作是一切工作的生命线,也是居民工作的生命线,是搞好居民工作的根本保证。一年来我们主要抓紧了三个方面的教育:抓阶级教育,抓活的思想教育,抓干部的思想教育。

首先,是进行回忆对比阶级教育。因为居民区的对象大多数是老年人和妇女,他们在旧社会中深受压迫,生活悲苦,因此对旧社会无比憎恨;解放后他们在党的领导下翻身做了主人,过着幸福美好的生活,因此对新社会无比热爱。如七组陆志祥是泥水工人,解放前吃不饱,穿不暖,生活朝不保夕,解放后工作有了保障,生活安定,大女儿在高等学校毕业后在人民银行就业,二女儿也读完高中,他们还自己盖了一所房子,老伴的晚年过得挺不错。他常激动地说:"旧社会的苦难已经过去了,现在的日子越过越好,我要牢记旧社会的苦,珍惜新社会的幸福。"像这样的事例各小组都有很多,居民的阶级觉悟提高了,积极性也被调动了起来,完成任务也就出色了,真是"阶级教育一抓就灵"。

其次,从解决实际问题出发,坚持正面教育。因为居民的文化水平不一,对有些理论性问题和专用名词不容易理解,用一些与他们切身相关的事例来启发他们,容易收到教育效果。同时,对居民进行教育要根据不同对象,采取不同方式,除了通过大会、小会号召外,还可以采用串门谈心、慢叙家常的方式。教育中态度要和气恳切,坚持正面教育,只有这样才能更好地激发他们的积极性和自觉性,也就是要善于抓活的思想教育。如在第三组支农青年姜渭川去农村以前,他本人、父母和奶奶都不愿意,干部再三向他们进行提前教育,并根据年轻人要求进步的特点,来启发他对支农的正确认识,同时又多次上门同奶奶谈心,介绍新农村的面貌,以消除老人家的顾虑。另外又通过他父母的单位领导,依靠他们配合动员。当了解到他去农村在生活上还有某些困难时,就马上设法替他解决,姜渭川终于在一家人欢欢喜喜的气氛中去到了萧山棉麻原种场。目前姜渭川无论在政治上,还是劳动上都进步很快,他早已表示要在农村扎根。

再次,提高干部的政治思想水平。只有提高干部的政治觉悟,才能有坚定正确的政治方向,正确贯彻执行党的政策方针。因此,必须组织干部经常学习,跟着形势不断进步。我们在规定每周两次的政治学习时,除了学习规定的中央文件和经常读报以外,还学习了《革命回忆录》、雷锋事迹、《必要的一课》,以及反对修正主义的学习文件,并且认真学习了毛主席的著作《纪念白求恩》《为人民服务》《愚公移山》等,使我们的思想豁然开朗。大家在讨论中都表示要决心听毛主席的话,向白求恩同志学习,做一个有益于人民的人,安心搞居民工作,好好为人民服务。如第一小组组长叶惠明、第四小组组长吴玮君两位同志,过去曾经有过不稳定的思想情绪,工作上遇到困难就灰心、泄气,甚至不想干居民工作了。通过学习长征故事和雷锋事迹,他们看到了革命的艰苦性,看到了雷锋舍己为人、毫不利己、忠于祖国、忠于人民的崇高精神。他们的认识提高了,干劲也大了,工作积极性也被调动起来,小组面貌有了显著改进。我们除了政治学习以外,还利用节日、假日举行一些形式活泼的组织生活,如郊游、踏雪,看一些政治性教育的电影。这些活动,既调剂了精神,又通过相互交换意见、互相启发解决了某些思想问题。

(三)团结就是力量,只有团结全体干部和广大居民群众,并拧成一股绳、一股劲,才能克服困难,勇往直前。

首先应该加强干部之间的团结。我们全体干部能够做到集体领导、分工负责,主任开会回来以后,立即召开委员会进行集体讨论,任何重大问题都是大家共同研究商量,以统一思想、一致行动。在工作中,大家都抢难挑重、齐心合力,如搞卫生工作,大家都争着选挖窨缸泥,运无机垃圾,运肥支农等艰巨繁重的工作做。又如抗台、抗雪,只要领导一声号召,干部立即响应行动。由于大家在政治上能够紧紧团结,全居民区工作总是顺利开展。干部之间在生活上相互关心也极为普遍。如姜兰英听说王云仙的女儿腿给摔坏了,连忙把膏药送到她家去;汪玉文发了心脏病,吴玮君不时地去探望她;周玉英为了搞卫生不慎跌伤了,王凤琴连忙给她敷上药膏;王阿大帮助叶惠明洗衣;袁阿林生病了,陈玉英主动帮她烧饭;姜兰英做产妇时身体很不好,汪玉文虽然自己也有病仍然不时地去慰问她……像这种火热的阶级感情的发扬在我们全体干群之间是很多的。其次是干部们热爱群众,关心群众疾苦,热心解决群众的困难,使干群关系亲密,工作开展得快,群众情绪又高。如第三小组的陈阿钗有病,小组长李俊卿知道她没有人照顾,便陪她上医院,又替她做饭煎药,不时地去探病安慰她,使她很快恢复健康。又如第五小组组长李金兰,每天早上将煤炉生旺以后,让同墙门的双职工烧面条、热泡饭,省得他们发炉子费时、费力、费煤球,而且保证了他们能准时上班,安心工作。干部们只要发觉居民有什么困难,总是不遗余力地随时随地设法帮助解决。如福利干部在大雪天去访问困难户,给救济户送棉衣,分发票证时耐心地逐张逐个点明说清,还时常把票证送上门给居民们带来方便。如第九小组 75 岁的孤老金之元,行动已经不大方便了,卫生主任徐桂英经常帮她料理生活搞卫生,几乎是包干了。诸如此类的事例不胜枚举,由于干部对群众体贴入微,居民群众深为感动。因此,在工作上取得了成绩时,干部说:"这是靠群众的努力得到的。"而群众说:"这是干部领导好、带头好。"

另外,居民群众之间团结互助、发扬阶级友爱、关心别人、先人后己、助人为乐的共产主义新风尚也不断涌现。如双目失明的张锡林,因烧菜不方便,每月给邻居胡杏花 3 元请她帮助,钱虽不多,但胡杏花自己家中不论吃鱼或是吃肉,总是在烧好以后先盛一碗给张锡林,数年如一日,因此张锡林常感动地说:"我这个瞎眼孤老,幸亏来了共产党毛主席,每月给我生活费 9 元,胡杏花同志又天天给我烧菜照顾我,我真是感激不尽,毛主席共产党恩重如山啊!"又如紫城巷 24 号居民王恭真看见李春华外出后孩子在出麻疹,连忙抱到自己家里,让孩子睡在床上,自己睡地板,还出钱请医师看病,每天数次用凉毛巾为小孩退烧,直到孩子病好。其他如替邻居收衣裳、倒垃圾、带孩子等事例更是数不胜数了。

(四)干部以身作则和建立居民工作的责任制度。居民群众由于不断地接受党对他们的教育,政治觉悟有了提高,但在不少问题上他们很容易看干部的样,因此,干部以身作则,做出模范行为,对于带动整个居民工作有很大影响,如果干部不以身作则,就会使居民对干部产生"特殊化"的看法,那就不利于干群之间的团结,将影响工作的推动。因此我们强调干部一定要以身作则,任劳任怨。言教不如身教,以实际行动带动居民比单纯的理论宣传要来得有力。为了做到这点,首先必须"把方便送给居民,把困难留给自己",在最困难的环境和最艰巨的条件下,干部必须挺身而出,做群众的榜样。如防台中,干部连续五天五夜奋战不歇,安排 50 间危险房屋的居民迁入安全地区,保证了居民的生命财产安全,终于没有发生事故。又如抗雪中,领导干部动员部分青年以快速行动抢救 329 间危险房屋,由于领导带头,各组干部也立即行动起来,发动小组居民在各小组内进行检查和抢救危险房屋,在比人数多、比居民干劲足、比完成任务快的浩大声势中,学生和休息职工也干劲冲天地参加了战斗,全居民区积雪原定一天清除,结果不到半天就已经彻底地打扫干净。卫生主任王阿大为了防止公共厕所内的粪便溢出,天刚亮就守在厕所旁劝阻居民倒粪,还用石块拦在粪坑的周围。这些动人的行为使广大居民口服心服地跟上去了。其次是必须建立和健全管理制度,定人定时把责任落实到干部,如红卫站轮值从不间断,以便随时发现疫情,采取措施,卫生检查、消防检查、冬防巡逻、爱国卫生日、干部学习、群众学习等都订有制度,不论刮风落雨,不论炎夏寒冬,都必须坚持不懈,严格要求落实。

主要干部的以身作则,更能带动干部和居民,并且得到他们的信赖。我们认为主要干部必须深入群众,处处起模范作用,以居民身份出现,反对特殊化,才能和群众打成一片,建立亲密的感情。如在搞卫生中,主任委员亲自打扫里弄、街道,替老弱居民张明金和双职工户擦洗门窗、拖地板;在抗台抗雪、冬防巡逻这些工作中,主任委员亲临第一线,自己带病工作,孩子有病也不顾,总把居民工作和集体利益放在首位;发现居民生活上有困难,及时反映给领导给予解决,照顾老弱,替他们烧饭,给他们喂药,用担架抬送到医院去治病,死后又料理丧葬。主要干部没有架子、关心居民,因此深受居民群众爱戴,居民也愿意把心里的话说给他听,有事也愿意同他商量,亲如家人,开展工作也就顺利了。

(五)必须注意工作方法。一年来我们着重注意了以下几点。

1. 居民区的特点是头绪众多、任务繁重、牵涉面广、政策性强、人员复杂,因此,凡贯彻一项工作必须从实际出发进行调查研究,搞点试样,树立旗帜,以点带面。只有这样才能了解实际情况,结合各个不同的具体要求,有的放矢地进行。同时发现先进要及时表扬,激发居民的荣誉感,激励大家齐争先进、你追我赶,全面行动起来。

2. 在工作中抓住重点,集中力量打歼灭战。在不同时期,抓住不同的工作重点,以重点带一般。

3.搞一项中心工作既要声势浩大、轰轰烈烈,又要细致深入、扎扎实实。如计划生育工作,要宣传得家喻户晓、深入人心,但是在指导居民采用避孕措施时又要耐心细致,认真做好一些思想工作和具体指导工作,才能收到实效。

4.必须处处接近居民、依靠居民,既要勤于跑腿、勤于动手、勤于说服,又要耐心诚恳听取居民意见,不怕骂、不怕怨、不怕做恶人、不怕麻烦,这样才能同群众打成一片,顺利地开展工作。

以上是我们几点粗浅的体会,但是和其他兄弟居民区相比,我们在思想作风等方面还存在不少问题,主要是小组间工作进度还不平衡,思想教育工作的方法还比较简单,少数干部的工作还不够深入细致,除四害讲卫生工作还不能经常进行,对青少年的教育工作要求不严,等等。这些缺点,必须在今后的工作中力求改进。

我国国民经济已经进一步全面好转,社会主义教育运动深入开展,三大革命运动不断胜利,各个战线上革命化精神发扬光大。对居民区工作,在这一片大好形势下,我们也将信心百倍地迎接新的光荣的任务。在 1964 年,我们将继续深入开展社会主义教育运动,展开规模更大的以"五好"为内容的比学赶帮竞赛,组织、发动居民共同搞好生产后方工作,搞好家务,认真贯彻执行各项政策措施。

1964 年是大学大比的一年,我们坚信在上级党委和政府的正确领导下,大学先进兄弟居民区,大学一切先进经验,大比先进思想,大比先进工作作风和工作方法,更高地举起毛泽东思想的伟大红旗,把全体居民的积极性调动起来,切实抓紧各项工作,我们一定能够做出更大的贡献。

涌金街道紫城巷居民委员会主任王云仙

1964 年

【由杭州市上城区档案馆提供】

杭州市上城区城站街道建一居民区
做好优抚、社救工作^①

　　我们听了江区长关于当前街道工作形势和今后任务的报告,受到了一次深刻的教育,保证把会议精神贯彻到实际工作中去。现在我代表城站街道建一居民委员会对优抚、社救工作向大会作一汇报。

　　本居民区共有居民 427 户 1729 人。其中军属 13 户(士兵家属 10 户,军官家属 3 户),居民中除职工家属外,还有摊贩、手工业者等其他劳动人民的家属,他们的生活相比解放前都有很大的改善和提高,但还有少数社会困难户和孤老,共 7 户 11 人。

　　1963 年,我们居民区在街道党委和街道办事处的直接领导下,积极贯彻了"群众优待和国家抚恤相结合"及"组织生产自救,群众互助,辅以政府必要救济"的优抚、社救方针,以组织生产为主,帮助烈军属和社会困难户解决生活上的困难,有力地保障了烈军属的生活水平不低于一般群众的生活水平,大大鼓舞了部队士气。1963 年居民区中被评为五好战士的有 5 人。全居民区的社会困难户的生活都得到了妥善的安排,他们感到政府对他们无微不至的关怀,因此,表现很好,积极安排了生活。

　　对于如何取得上述成绩,做好优抚、社救工作,我们有如下几点体会。

　　(一)政治思想工作是一切工作的灵魂,优抚、社救工作也必须加强政治思想工作,抓活的思想,使物质补助与思想教育紧密结合起来。一年来,我们主要抓了干部教育,优抚、救济对象教育及群众性的拥军优属教育。

　　1.加强了对干部的优抚、社救的意义和方针政策的教育,使大家认识到只要有阶级斗争存在,有帝国主义存在,我们就必须巩固国防,建设强大的军队。因此做好优抚工作,不仅仅是为了帮助军属解决生活困难,激发优抚对象的政治积极性,更重要的是通过拥军优属工作,鼓舞部队士气,激发青年一代保家卫国的英雄气概,以增强国防力量,保卫社会主义建设;认识到要调动一切积

---

　　①　原文标题为《我们居民区是如何做好优抚、社救工作的》。

极因素,就必须更好地关心群众生活,切实帮助群众解决实际的困难;认识到做好这些工作也是我们每个居民干部应有的责任。

2. 加强了对烈军属和社会困难户的思想教育。我们除了积极动员他们参加居民群众的各种会议,接受社会主义阶级教育,还经常召开烈军属会议,学习烈军属代表会议文件和上级有关指示,对他们进行参军意义、参军光荣的教育和发扬艰苦奋斗的革命传统的教育,以不断提高他们的政治觉悟。通过教育,有的打消了原有的思想顾虑,积极响应党和政府的各项号召;有的积极鼓舞部队亲人安心服役。如妇女主任、军属郑玉玉,不但自己积极工作,还不断写信鼓励儿子进步,她的儿子连续两次被评为部队五好战士,1963年还光荣地加入了中国共产党。郑玉玉本人也多次被评为卫生、妇女、居民工作等各种先进工作者,还出席了这次大会。对于社会困难户,我们也通过干部上门访问、群众评议等形式对他们进行了自力更生、克勤克俭的教育,还具体帮助个别不善于安排生活的人算细账,安排开支。

3. 在春节、"八一"等重大节日,结合居民区的有关会议同群众进行广泛的拥军优属教育,使群众认识到拥军优属是每个公民应尽的义务。逢年过节,组织群众敲锣打鼓为烈军属贴光荣联、送光荣灯、挂光荣牌,挨户向烈军属拜年贺节。所有这些教育,都是做好优抚、社救工作的思想基础。

(二)根据政府政策,依靠群众,积极组织生产自救。一年来,组织和发展了糊纸盒、插夹档、挑废品、抽丝头、拣毛等五种加工业务,并采取了有活就干、无活就散,或这个停了就组织那个的方式。积极安排好了生产自救。参加人员多则一百五六十人,少则20人左右,以安排困难烈军属和社会困难户为主。全年生产自救收入总额为2833元。我们不但组织本居民区的生产自救,而且帮助全街道13个兄弟居民区的29户困难烈军属,共43人参加了生产自救,使他们能自力更生,克服困难,生活得到改善。如西牌楼居民区的军属尤金春,一家四口,依靠丈夫每月退休工资36元生活,两个孩子读书,生活比较困难,政府曾几次补助过他,自被安排在本居民区参加糊纸盒生产后,每月收入约20元,生活有了改善,夫妻二老都参加了居民工作,丈夫这次还被评为街道先进工作者和市场管理积极分子。

(三)认真贯彻"群众优待和国家抚恤相结合"的优抚工作方针和"生产自救,群众互助,辅以政府必要救济"的社会救济方针。在日常工作中,我们除做好组织生产外,还发动群众,发扬阶级友爱,亲邻相帮,经常关心他们的困难,见困难就帮。对社会孤老、残疾,经常为他们搭房子、搞卫生、送柴送米、免费缝制棉衣,有病时服侍他们,送院求医等等,使他们感到只有生活在新社会,才能孤老不老,残而有依,从而更加热爱新社会,热爱共产党。如困难户、退休老工人俞良福在生病时得到干部、群众多方面的帮助和照顾,因此,临死前他还高呼:"共产党万岁,毛主席万岁!"

对于丧失劳动能力的困难户和有特殊困难的烈军属,我们及时向街道反映,协助政府做好优抚补助,社会救济工作做到救济对象正确、标准得当、发放及时。一年来,本居民区有 2 户困难烈军属得到了不定期的补助,有孤老户 7 户 11 人通过群众民主评议,得到了长期救济,对有特殊困难的社会困难户 8 户 29 人也做到了及时救济,切实帮助他们解决了自己无法克服的困难。

(四)与日常工作紧密结合,经常关心群众生活。一年来,我们做到了结合各项中心运动,时刻关心群众生活。居民委员会在研究完成中心运动的同时,也研究群众生活情况,把关心群众生活当成自己应尽的责任。大家分工不分家,做到在查消防、查卫生的同时结合了解群众生活。福利干部还建立了优抚、社救对象的经济情况档案,经常串门访问,定期核实变化情况,做到了家底清,及时反映解决问题。因此,他们感动地说:"你们都是毛主席教导出来的好干部。"

1963 年,我们虽然做了一些工作,但与今天到会的兄弟居民区相比,还有很大距离,我们要虚心学习先进,把 1964 年的居民工作做得更好。

城站街道建一居民委员会主任　芦文祥

1964 年

【由杭州市上城区档案馆提供】

杭州市上城区金钱巷街道办事处
关于宣传晚婚和计划生育工作的情况①

根据市、区人委的指示，"婚姻登记机关要结合婚姻登记向群众进行晚婚和计划生育的宣传"，我们在街道党委的直接领导下和上级民政部门的指导下，进行了一系列工作，取得了初步的成效。现将本街道结合婚姻登记工作向群众宣传晚婚和计划生育工作的情况和体会向大家作一汇报。

本街道1963年共办理结婚登记228对，年轻经过说服动员同意晚婚撤回登记的2对，经过审查，不符合婚姻法基本精神不予登记的2对。今年结婚的人数相比去年有显著下降（去年办理结婚登记的有285对，下降了20%），特别是国庆节，结婚登记的人数比去年同期下降了40%。从结婚的年龄来看，1963年，18～20岁结婚的女性有49人，1962年是76人；男性44人，1962年是124人，婚龄也比去年有所提高。我们在登记工作的过程中，除了按照婚姻法的规定对当事人进行必要的审查外，还进行了下列工作。

1. 分别召开家长、男女青年座谈会，把晚婚的宣传教育工作做在前面：为了使宣传晚婚有的放矢，使教育工作收到预期的效果，我们在国庆节前结合街道中心工作，做了一项专门的调查，摸清了本街道在国庆节结婚的新人对数和他们的年龄状况，然后分别邀请他们的家长和青年男女举行座谈会，运用群众亲身体会现身说法，向群众进行教育。如有次在家长会上，我们特地邀请佑圣观路119号缪金凤老太太谈自己早婚的体会。她说："我17岁出嫁，先后共生了14个孩子，由于自己年纪轻，不会养孩子，生下的孩子体质弱，只养活了6个，今年我虽然还只是50岁，论讲还不算老，可是耳也背了，眼也花了，一年到头手麻腿酸，早婚苦头吃了大半世，现在我6个儿女都已长大成人，我都劝他们晚一些结婚，男孩子都在30岁左右结婚，女儿也在26岁结婚，婚后，他们牵挂不多，生活很幸福。许多做父母的听了缪老太太的亲身体会，思想上启发很大，有的做母亲的检讨自己不该把女儿的婚事办得过早，如三益里居民金杏

---

① 原文标题为《金钱巷街道办事处关于宣传晚婚和计划生育工作的情况》。

春,女儿刚满 18 岁就催她结婚成家,生了孩子喂奶把尿也不会,样样事都要娘亲自动手,忙了女儿也忙了娘,悔不该叫女儿介早结婚。有些打算给子女安排在国庆节结婚的也提出暂时不办婚事了。如九曲巷 6 号何月人,他的女儿今年才 19 岁,原来打算在国庆节结婚,开了会回去后,找了女儿、女婿商量,决定推迟几年再结婚。在分别召开的男女青年座谈会上,他们也都表示要多多考虑学习,多多考虑工作,不考虑在年纪轻轻的时候找对象结婚。据城头巷居民区统计,原来打算在 1963 年下半年结婚的 6 对中,已经有 4 对把婚期推迟了。

2. 在办理结婚登记的时候,向婚姻当事人宣传晚婚和计划生育的好处。我们从 8 月份起,对前来登记的婚姻当事人,根据不同对象向他们做宣传教育和说服动员工作。如对刚达婚龄的当事人,我们就将晚婚对国家、对自己、对子孙后代的好处反复向他们讲清,一次没有说服就再讲第二次。如我们受理的一对结婚登记的当事人,男的一定要办理登记,女的是刚从学校离开的高中毕业生,对结婚比较忧虑,怕婚后不能参加工作。我们就针对女方这一特点进行教育,结果女方欣然同意晚婚,但当时男方思想搞不通,当场和女方闹意见,我们就继续对男方进行思想教育,向他说明过早结婚不仅会加重男方经济上的负担,同时也会影响双方的进步。后来男的也同意了,男女双方高高兴兴地回去了。对于年龄较大通过审查准予登记的当事人,则向他们宣传计划生育,请他们看有关避孕知识的书,许多前来办理结婚登记的当事人对政府这样关怀婚后生活表示感激,经过宣传,不少人都实行了避孕。据本街道不完全统计,1963 年结婚实行避孕的夫妻有 50 多对。

3. 运用居民委员会、基层妇代会干部上门进行教育,扩大社会舆论,把提倡晚婚和计划生育作为新的社会风气树立起来。我们在受理年轻的婚姻当事人时,或通过外勤配合,组织居民委员会、基层妇代会干部上门做家长的工作。对已批准的当事人,立即填写生育妇女登记表送到居民区动员避孕和计划生育。通过基层干部的宣传,提倡晚婚和实行计划生育已经形成新的社会舆论。如有的母亲说,过去认为子女长大成人不结婚成家,是做父母的"罪过",看到儿子娶了亲成了家,女儿出嫁找到人家,做父母的身上才没有担子,现在看起来,子女迟几年结婚不是坏事,而是一件好事,再不用为儿子刚成人没有娶亲而操心了。

我们在这方面做了一些工作,取得了一些成绩和经验,在实践中有如下几点体会。

1. 街道党委的重视和支持是做好这一工作的保证。参加完市婚姻工作会议后,我们立即向领导汇报,街道党委书记和办事处主任亲自听取汇报,并指示我们在办理婚姻登记工作中要坚决贯彻市会议精神。党委还确定一个街道副主任在国庆前后重点抓这项工作,并要求内外勤在这一工作上密切配合,使基本情况能很快地掌握起来,使晚婚的宣传能通过各种座谈会、上门访问等形式深入到群众中去,做到家喻户晓、深入人心。

2. 在思想上端正认识,在工作上转变作风,这是做好宣传、使群众接受教育的前提。我们在开始进行这一工作时,思想上总认为到街道办事处来登记的总是木已成舟,生米已变成熟饭,向他们讲晚婚是徒劳无功的,还认为人家来登记,感情火热,何必向人家头上泼冷水,做难人,因此在工作方法上也就简单化,和当事人讲几句就算了。市婚姻工作会议以后,我们在思想上扭转了过去那种不正确的看法,在工作作风上,对每一对当事人都热情诚恳耐心地进行宣传教育,严肃地提出,早婚既不利于国家,又不利于自己的工作和学习。对已批准结婚的,我们又把计划生育的好处和避孕的常识耐心地对当事人进行讲解,从而使工作收到一定的成效。

3. 要运用群众力量,把晚婚和计划生育工作做得更细致、更深入,才能巩固已得的成果。我们在受理一对结婚登记的当事人时,发现双方年纪都很小,刚刚到达婚龄,在登记过程中,我们耐心地向他们进行教育,男女双双表示愿意推迟结婚。但是我们在事后疏忽了,没有让居民干部继续上门做巩固工作,结果这两人到萧山县□人民公社办理了结婚登记。之后我们接受了这一对的经验教训,在登记时碰到经过教育思想弄通了的,事后又请居民区干部上门进行经常教育,从而巩固了已得成果。

我们结合登记工作开展晚婚和计划生育的宣传,虽然收到一些成绩,但是我们感到,在如何正确对待婚姻这个问题上的宣传教育工作做得不够,因此在我们地区,买卖婚姻、把女儿卖到农村去的情况仍然存在,经常性的婚姻法宣传教育工作还必须加强。另外,我们有时忽视了对晚婚的宣传教育工作,因此要把它列入街道工作的议事日程。

1964 年 1 月 8 日

【由杭州市上城区档案馆提供】

天津市人民委员会关于
1964 年春节期间拥军优属活动的安排①

1964 年 1 月 9 日市人民委员会第一次全体(扩大)会议讨论通过

过去一年,我市在党和政府的领导下,认真贯彻执行了各项拥军优属政策,做了不少工作。在市区,对无劳力或缺乏劳力、生活困难的烈军属和荣复军人(823 户 3204 人)给予了定期定量的补助和临时补助;在郊区,贯彻了中央关于优待劳动日的政策,对无劳动力或缺乏劳力的烈军属、荣复军人(1552户 7227 人)优待了劳动工分(1954600 个工分);对 2313 名复员退伍军人进行了妥善的安置。同时,对广大人民群众进行了拥军优属政策的宣传教育,并结合重大节日,广泛地开展了拥军优属活动。

根据中央和省的指示精神,在 1964 年春节期间,仍要按照传统习惯,广泛深入地开展一次拥军优属活动,以提高人民群众的爱国主义思想觉悟,加强国防观念,加强军民团结。为此,特将春节期间的拥军优属工作安排如下。

一、广泛深入地进行一次拥军优属的宣传教育

充分利用各种宣传工具,采取多种多样的宣传形式,向广大人民群众宣扬中国人民解放军和人民公安部队在捍卫祖国边防、海防、保卫祖国社会主义建设等方面的卓越功勋;宣扬他们在抗洪抢险斗争中和支援国家社会主义建设等方面的光辉事迹。教育人民群众学习人民解放军、人民公安部队的革命精神和优秀品质,使人民群众更加热爱人民解放军、人民公安部队,自觉地尊重烈军属和荣复军人的荣誉,关心他们的生活,进一步发扬拥军优属的社会风尚。

与此同时,区、街基层组织还要对烈军属、荣复军人进行一次阶级教育和革命传统教育,鼓励他们珍惜荣誉,保持光荣,进一步在社会主义建设中发挥更大作用。

---

① 原文标题为《市人民委员会关于一九六四年春节期间拥军优属活动的安排》。

二、组织力量，深入检查优抚、复员安置工作，切实解决存在的问题

（1）各区、街、公社、生产队，都要组织力量对优抚、复员安置工作进行一次普遍检查。检查的重点，郊区主要检查贯彻执行优待劳动日政策落实兑现情况，市区主要检查定期定量补助工作。通过检查，认真地解决存在的问题，并在检查的基础上，安排好1964年的优待工作。

同时，市、区民政部门也要抽调力量，重点深入灾区、困难队，以及优抚、复员工作较薄弱的地区进行检查。

（2）安置有复员退伍军人的各机关、工厂、企业、学校等单位，要对复员退伍军人的生产、生活和工资待遇等方面存在的问题，认真加以解决。

三、组织联欢、慰问活动

（1）适当组织学生、街道居民和人民公社社员为烈军属和残废军人办一件好事，如挂光荣灯、贴春联、扫房、盘炕、拆洗衣服等。

（2）在全市各街、各农村人民公社普遍召开烈军属、荣复军人座谈会，向他们报告当前的政治经济形势和一年来优抚工作的情况，进一步宣传党和国家的优质政策，征求他们的意见，认真地改进工作。

（3）有驻军的区，参照以往做法，与驻军、烈军属、荣复军人举行1至2次联欢慰问活动。

（4）根据省人民委员会的统一安排，在春节期间，举办"天津市1964年春节慰问驻津部队、烈军属、荣复军人文娱晚会"和"天津市各界人民欢度1964年春节拥军优属联欢晚会"，与本市烈军属、荣复军人、驻津部队官兵以及各界人士联欢。

（5）对人民解放军、人民公安部队的伤病员，以及对在抗洪斗争中牺牲人员的家属和现在仍住院治疗的伤病员，由市组织有关部门，到医院进行慰问。

（6）春节前后，市民政局、天津警备区和有关单位共同召集一次烈军属、荣复军人代表人物座谈会，或深入到户，听取他们对优抚复员工作的意见，以改进工作。

【选自《天津政报》1964年第1期】

沈阳市重视校外教育培养革命后代①

　　沈阳、四平两市建立起各种校外教育阵地,组织儿童读革命书籍,听革命故事,唱革命歌曲,参加有益的文娱活动,儿童学业有了进步,好人好事大量涌现。

　　沈阳市广泛开展了中小学生的校外教育工作,一个有相当规模的校外教育网已在全市范围内建立起来。

　　目前,沈阳城内三个区都建立了规模较大的少年宫。各街道居民区和一些大的机关、工厂、企业共建立了中型和小型的少年之家、儿童活动站和俱乐部 3500 多处。有的学校还建立了"星期日俱乐部"。到这些场所参加各种活动的少年儿童,每天达 10 万多人次。另外,全市还有以复习功课为主要活动的"自学小组""小队之家"44000 多个。在上述各种儿童活动场所里,有 100 多名专职辅导员,5 万多名义务和半义务辅导员。他们每天都带领孩子们学习和开展各种活动。学生们放了学,先到自学小组做作业,然后由辅导员率领,到各种活动场所去唱歌、跳舞、看书、听故事、做游戏,或参加一些力所能及的社会公益劳动。

　　沈阳市党政领导机关都很重视儿童校外教育工作,曾专门开会进行研究。市、区人民代表大会及政协会议,也都经常把这项工作列为会议的重要内容之一。全市专门成立了儿童教育工作委员会,由一位副市长负责领导。城内各区和各街道,也都成立了相应的组织,并建立了经常的办事机构。

　　儿童校外教育工作还受到沈阳市各界人士的大力支持。在开辟校外活动场所时,有的自动让出空闲房子,有的参加劳动。很多工厂机关为本单位的职工子弟开辟了儿童活动场所,有些工厂还专门成立了儿童教育工作委员会。

　　全市 5 万多名义务和半义务辅导员来自各个方面。他们当中有干部、家庭妇女、解放军战士、人民警察、退休老工人和消防队员等,有的婆媳、母女都当辅导员,有的一家人全是辅导员。他们利用劳动之余的时间,认真负责地进

---

　　①　原文标题为《重视校外教育 培养革命后代》。

行工作,出现了很多动人事迹。沈河区军属何大娘自愿担任了广宜街第二小学五年级二班的校外辅导员。这个班的少先队员"中队俱乐部"就设在她的家里,每天都有孩子们在这里活动,她总是热心照料。不管刮风下雨,这位老人每天都要到10多个自学小组去查看一遍,了解孩子们的学习情况。退休老工人石近福是南京街第一小学六年级四班一个学习小组的辅导员。为了辅导好孩子们的学习,他常跟孩子们一起听课,放学后就把孩子们领到自己家里进行辅导。他说:"我老了,不能再继续工作,但我可以把自己的晚年贡献给下一代的教育事业。"解放军某部五好战士吴盛岩,是西塔民办小学的校外中队辅导员。他经常跑书店、翻报纸,一遍又一遍地阅读背诵儿童爱听的革命故事,并给孩子讲自己童年的苦难生活。这位热心的辅导员,差不多把全部业余时间都用来教育孩子。

儿童校外教育工作广泛开展,取得了显著的成绩。仅去年第四季度,铁西区少年儿童中出现的好人好事就有13000多件。全市儿童中出现的好人好事更是千千万万。沈阳市南湖公园附近有4所小学。以前,有些学生放了学便逛公园,乱折花木,不做功课。自从开展了校外教育工作,情况大大改变,孩子们不仅能按时做完功课,还轮流来公园保护花木,帮助园林工人除草、浇水,风雨不误。

吉林省四平市的少年儿童校外教育工作,由于在党和政府的领导下,发动了群众,各个方面配合密切,取得了较好的成绩。

这个市早在1962年10月,就开展了"关心儿童、爱护儿童、教育儿童"的宣传活动。后来,市委宣传部、共青团、妇联、工会、教育局等9个单位组成了少年儿童校外教育委员会,各区也成立了少年儿童校外教育委员会。许多部门和党的基层组织也都把少年儿童的校外教育作为日常工作任务之一。

对少年儿童进行革命传统教育和阶级教育,是这个市对少年儿童进行校外教育的主要内容。现在已有1000多人承担了这项工作,其中半数以上是校外业余辅导员。其中有老工人、老贫农、老干部、老红军、先进生产者、先进工作者和"五好"战士等。吉林省特等工业劳动模范、省农业机械厂老工人王金山,就是广大少年儿童最熟悉、最尊敬的校外辅导员之一。他经常给少年儿童们讲自己在旧社会的悲惨遭遇,讲解放后工人当家作主的新生活,并且介绍一些工人爱惜国家财产的事迹,使少年儿童深受感动。少年儿童还经常访问老红军战士、先进工作者,听他们讲革命故事和为人民服务的模范事迹。

为了有组织、有计划地对少年儿童进行校外教育,在各区文教科、区团委的领导下,四平市因地制宜、因陋就简地建立了7处少年儿童校外活动站。现在,每个活动站都有许多书籍和文娱活动用品。活动站还教唱革命歌曲,举办故事会。学校和活动站还举办了"雷锋事迹展览会",放映了"毛主席在群众中"等幻灯片。在活动站从建立到现在的9个多月中,共有少年儿童15万多人次参加活动。

四平市的许多文化活动单位也积极地对少年儿童进行校外教育。市图书馆每逢星期三、六下午,专为少年儿童开放,并为少年儿童举办故事报告会和诗歌朗诵会。市文化馆在馆内设立少年儿童活动站,经常聘请艺人、演员,以及解放军官兵和小学教师等来馆为少年儿童讲故事。新华书店设立了儿童阅览室,近一年来就有少年儿童5万多人次来阅读书刊。体育馆添置了儿童运动器具。电影院定期组织儿童电影专场(票价减半)。这些校外活动场所已被人们称为少年儿童的"校外之校"。一些厂矿企业、商店和街道居民委员会对少年儿童的校外教育工作,也都积极地加以配合。如第三居民委员会十七组居民组长荣洁,把全组31名少年儿童按年龄编成儿童组和幼儿组,给他们讲故事,教认字,带领他们唱歌、跳舞、做游戏。

四平市的广大少年儿童通过学校、家庭和社会的共同教育,在德育、智育和体育方面得到了全面发展。许多见义勇为、扶老携幼、拾金不昧、关心集体、团结友爱的动人事例不断涌现。去年以来,仅据21所小学的统计数据,少年儿童做的好事达21456件。站前小学二年级学生孙桂荣在街上拾到一只"英格"手表,他想方设法终于找到了失主。

【选自《人民日报》1964年2月8日】

天津市人民委员会关于动员和组织城市知识青年参加农业建设工作中若干具体问题的暂行办法

委秘〔1964〕字 65 号

一、关于下乡人员的条件

动员城市知识青年下乡,是为了支援农业生产、加速建设社会主义新农村、建设现代化农业。因此,下乡人员要具备以下条件:

(一)下乡人员应以家居本市,有常住户口,年满 16 岁,未能升学、就业的未婚知识青年为主,兼顾其他社会闲散劳动力。对原系本市居民从外地精简倒流回津人员,适于下乡插队的,也可以动员下乡。

(二)身体健康,适于参加农业劳动。残废或患有严重慢性疾病,不能参加农业劳动的,不宜下乡。

(三)本人无重大政治历史问题。应该劳动改造或劳动教养的反、坏分子,不要下乡。对监督改造分子也暂不批准。

(四)下乡人员必须为本人志愿参加农业生产,并取得家庭同意。

(五)对个别因父母年老或多病、家务拖累过大不宜下乡的,可暂缓批准。

二、关于审批手续

(一)凡要求下乡的人员,由本人到所在街办事处(或街报名站),填写支援农业志愿书。

(二)由街办事处、派出所、街团委共同组织审查小组,根据下乡人员条件和本人填写的志愿书进行审查,签署意见,由街道办事处、派出所分别盖章后,报区安置办公室批准。

(三)凡经批准的下乡人员,由区发给批准通知书和优先办理下乡手续介绍信。本人持批准通知书、介绍信,办好户口、粮食、副食、工业品供应转移关系后,按指定地点、时间办理报到手续。

三、关于组织训练

(一)凡经批准并已办理报到手续的下乡人员,各区要及时进行编队编组。

编队编组时,要根据生产队安置的人数多少划分,并尽量照顾到原居住远近或同学关系、少数民族。对骨干力量、文化程度、男女比例,要适当搭配。

(二)编队编组以后,必须加强组织领导,抓紧进行思想教育工作。各区应对下乡人员进行短期训练。一方面继续把思想工作做深做透,坚定他们下乡务农的决心,特别要使他们有吃苦耐劳、长期在那里安家立业的思想准备。另一方面,要具体介绍所去县、社、队的情况,并尽可能地讲解一些农业知识。此外,还应进一步进行晚婚教育。训练时间由各区自行安排。训练方式可采取大会报告、小组讨论、座谈等多种办法。

四、关于路费与困难补助

(一)下乡人员所需旅运费(包括行李托运),均由国家负担。路费、行李费实报实销,路途伙食补助每人1元,由各区财政部门从安置经费中开支,贯彻节约精神,既能解决实际需要,又能节省开支。市内交通费一律由本人负担。

(二)下乡人员所需行装要自行准备。如少数人因家庭生活困难,缺衣少被又确实无力解决的,可由街道进行调查了解,出具证明,由各区酌情给予补助。但必须根据实际需要,严格掌握,补助标准不宜过高,补助面不宜过大。具体标准和办法另有通知。

(三)根据省的规定,我市下乡人员所需路费、困难补助,各区平均每人不能超过20元。关于宣传费,可暂由地方财政开支,开支范围和手续另行通知。

五、关于户口迁移问题

(一)下乡人员的户口一律迁移到农村,下乡前要办好户口迁移手续。

(二)精简、倒流人员没有正式户口的,下乡前,公安部门要开具户口证明手续。

(三)已经办理下乡手续的青年,下乡后患有严重疾病或出于其他原因不适宜在农村长期劳动的,经过社、区联系,双方商妥,由当地公社介绍回来的,由区安置办公室出具证明,公安部门应准予恢复户口。

六、关于口粮、副食、工业品的供应

(一)下乡人员的口粮,一律按原定量标准带一个月全国粮票,并将粮食关系转到农村(倒流人员没有粮食关系的,也要发给一个月的全国粮票,并由粮食部门出具粮食证明）。另加发一斤路途粮票。下乡按当地同等劳力社员实际吃粮水平,由县统销粮中供应。

（二）下乡人员出发以前,要办理副食、工业品供应转移手续。已经领到的各种票证,可持下乡批准通知书和优先办理下乡手续介绍信提前一次购买。到达农村以后,按当地社员标准供应。

七、关于成户下乡和投亲靠友插队问题

（一）凡要求成户下乡落户的,应当予以支持,但必须是有劳动能力,能够在农村依靠劳动维持全家生活的。

（二）凡要求下乡投亲靠友插队并取得当地县社证明的,要支持他们下乡插队。

（三）凡成户下乡和投亲靠友下乡的人员,其路费、困难补助和口粮待遇等问题,均应与下乡青年同,并计算安置任务。

八、关于组织护送问题

下乡人员启程时,各区应组织干部进行护送。

九、关于下乡后的生活待遇问题

（一）住房和必需的生活用具、生产工具,由国家补助解决。

（二）参加集体劳动、评工记分、按劳取酬,在未分得劳动收入以前（大约6至8个月时间）,每人每月由国家补助生活费和零用钱8至10元。

十、本方法只适用于市内各区和塘沽区、汉沽区。

1964 年 3 月 24 日

【选自《天津政报》1964 年第 6 期】

天津市河西区关于台湾路
居民委员会工作情况的调查报告①

(一)

为了迅速实现街道工作革命化,发挥居民组织在社会主义革命和社会主义建设中的积极作用,我们在下瓦房街台湾路居民委员会做了一次调查。这个委员会有 332 户 1562 人,其中职工、干部家属 309 户,是劳动人民聚居区。居民小组长以上干部 38 人,其中劳动人民占有绝对优势,领导班子强,工作方向明确,在各项主要工作中都取得了较好的成绩。

在社会主义教育运动中,为了使所有居民都受到教育,提高群众的阶级觉悟,他们做了许多细致的组织工作和思想动员工作,使除 2 个聋人、1 个精神病和 1 个外出的以外的 129 个成年居民都受到了教育。他们一方面提前告诉大家开会的时间、地点,叫居民群众做好思想准备和家务安排;另一方面,逐户逐人进行摸底,找出某些人不能或不愿出来开会的原因,然后分不同情况进行重点动员或具体帮助。例如居民龚明俊几年来一直不参加街道会议,这次又强调困难,经过他们耐心说服,不仅听了课,参加了讨论,而且很感兴趣。有些居民有实际困难,委员会就组织人给看孩子、照顾老人、服侍病人,使他们也都能参加听课、讨论。为了组织好讨论,他们逐户逐人地询问可以出来参加讨论的时间,然后根据不同要求,分别在上午、下午、晚上组织讨论。广大群众受到教育以后,精神面貌发生了很大变化。大多数居民群众认清了当前阶级斗争的形势,进一步划清了无产阶级与资产阶级的思想界限。受过骗、上过当的人,主动检查了参与黑市活动、占公家便宜、闹不团结等现象,表示坚决克服这种坏的思想行为。居民群众对于封建迷信思想和各种落后习俗也有了正确认识,不少人检查批判了信神信鬼,请"巫婆""神汉"看病,爱"算卦"等迷信活动,

---

① 原文标题为《关于台湾路居民委员会工作情况调查报告》。

有的摔掉了供了30多年的"娃娃哥"。有些人认识到追求个人生活享受、羡慕资产阶级生活方式的危害性,在居民委员会帮助下纠正了比吃喝、讲穿戴的坏思想、坏习惯,学会了勤俭持家。现在,这个委员会内已经没有倒卖黑市、投机倒把以及供佛的人了,邻里团结、勤俭持家的社会风尚得到了发扬。

在迎春卫生运动中,他们进行了大宣传、大动员,居民组织的干部亲自动手,带动居民群众搞卫生突击。还采取了抓典型、树样板、搞一个、巩固一个,以点带面、点面结合的工作方法,突击了9个大院的卫生。如绍兴道1号是一个住有27户居民的大杂院,双职工多、孩子多、鸡多,卫生状况很差。委员会的干部集中力量,亲自动手,帮助该院突击卫生,并帮助建立了卫生制度。通过广泛深入地发动群众,大搞卫生运动,这个居民区的环境卫生面貌大为改观,街道里巷干净整齐,基本上做到了无堆放、无乱泼乱倒、无随地便溺。为使卫生工作坚持经常,他们每周进行一次卫生大检查,还建立了每月一小评、每季一大评、半年一总评的卫生评比制度。

在治安工作中,他们采取了大搞宣传和加强检查相结合的工作方法。组织了治安防范检查组,大查麻痹户,入冬以后又加强了炉火安全大检查,杜绝了不少隐患,一年多以来,从未发生过什么大事故。在对反、坏分子的改造方面,采取了包紧扎严的办法,对他们进行了严格的监督改造,使他们不敢乱说乱动,不敢翘尾巴。同时还及时地向公安部门反映了一些可疑线索,对破案起了一定作用。一年多以来,这个委员会没有发生丢失、盗窃案件和造谣破坏活动,治安情况良好,秩序安定。

计划生育工作方面,基本上做到了底数清、情况明、效果好。对现有育龄妇女逐人建立了计划生育卡片和月经卡片,并设有计划生育宣传小组,经常入户宣传访问,提高群众认识,解除思想顾虑,特别注意了节日的宣传活动,做到了"逢会说一说"。截至目前,除有6个人因没男孩子想生男孩子,但也都有生育计划外(其中1人计划4年后再生,1人可能失去生育能力,4人计划2年或3年后再生),其他人都采取了避孕措施,没有一个怀孕的,今年有可能没有孩子出生。

另外,居民委员会在调解纠纷、捐献救灾、勤俭持家等工作方面都做了不少工作,取得了一定成绩。

(二)

这个居民委员会的工作之所以做得较好,通过调查,有以下几点认识。

1.有个好的领导班子,有个好班长。这个委员会的38个干部中,有36个是劳动人民出身。这些人觉悟较高、作风正派、工作积极,在群众中有威信。委员会的5个领导成员都是劳动人民出身,或是因病退职的老党员、老干部、革命军人。他们有高度的革命事业心,雷厉风行,埋头苦干,扎扎实实,有一套好的工作方法。敢于批评自己,耐心帮助别人,能把广大积极分子和居民群众团结在党的周围,完成党交给的各项任务。

这个委员会还有一个战斗力很强的党小组。他们有严格的学习和生活会议制度,而且还做出决定:在委员会工作要有"三不要"(不要奖励、不要荣誉、不要生活补贴)和"三不怕"(不怕碰钉子、不怕多说话、不怕多跑路)的精神。生活上艰苦朴素,工作上雷厉风行,为党做了大量工作,为群众办了大量好事,深受群众爱戴,在群众中起到了表率作用。

2.有明确的工作方向。他们认识到居民委员会的任务就是做好工作,调动起居民群众参加社会主义革命和社会主义建设的积极性,使无产阶级思想在街道居民中树立起来,把资产阶级思想、行为和封建残余思想从居民群众中清除出去。他们的一切工作都是本着这个方向努力。如在社会主义教育中,他们想到:"一个家庭主妇受到教育,提高了觉悟,就会使一家老小几口人都受到教育,其会起经常的作用;假若一个人有封建残余思想,有资产阶级思想和行为,就会影响一个院、一个楼和第二代,也会起经常的深远的坏作用。"为了占领社会主义阵地,他们下决心不留一个空白点。他们为了解决一个问题,不怕跑粗了腿,磨破了嘴,几夜不睡觉。如对有迷信思想的妇女张淑敏进行了4次动员,终于把她的思想搞通了,使其了解了科学的道理。台儿庄路64号有个14岁的孩子有拿人家东西的坏习惯,治保副主任彭荣芳同志对这个孩子进行了经常的教育,终于纠正了这个孩子的坏习惯。他们这种同坏思想、坏行为坚决斗争和对工作一丝不苟的精神,深受群众和有关部门的赞扬。为了保证职工安心生产,他们积极地、经常地向广大职工家属进行勤俭持家、团结邻里、照顾好职工、教育好孩子的教育。并给双职工看家、照顾孩子、领票证、搞卫生。如台湾路14号组长高文翠同志(党员)给双职工照顾十几个孩子,从1960年起就代同院12户领票证、买供应商品、搞卫生、灌暖水瓶等,深受职工爱戴。他要搬家,许多职工不愿让他走,有的甚至流下眼泪。

3.主任、委员能认真地学习主席著作,加强思想政治工作的领导。从1963年起,他们重点学习了主席的《中国社会各阶级的分析》《关心群众生活,注意工作方法》《关于领导方法的若干问题》等文章。同时,还学习了《"支部生活"上的"苦尽甜来,一心为党——万德庄居民委员会副主任、治保会主任韩素云同志的事迹"》《职责是有限的,责任是无限的》《关于抵制资产阶级思想的侵蚀,用阶级的观点处理问题》等十几篇文章,还选读了一些《天津晚报》的通讯。他们每星期二进行集体学习或讨论。能学懂的大家就集体学习;学不懂的,就请住在附近的领导干部给他们读和讲。市航务局的韩局长给他们讲过主席著作,省检察院的王检察长帮助他们安排过学习计划。他们一边学一边用,活学活用,思想水平大大提高,推动了工作的开展,这就是他们做好工作的根本原因。

同时,他们把做好思想政治工作列为首要任务。他们说,委员都是义务职的,多是非党员群众,没有思想上的团结一致,工作积极性是巩固不住的,工作也不会搞好。因此,他们随时随地都十分注意做好思想政治工作。他们认真地组织居民组织的干部学习主席著作,组织居民参与政治活动,进行正面教育和群众自我教育,抓活的思想,用阶级分析的方法,找出思想根子,进行有针对性的教育。

4.有一套好的工作方法。第一,是坚定地实行了集中统一领导。无论是街道办事处、派出所,还是妇联布置下来的工作,都经居民委员会研究后,统一安排,统一推动。各个工作委员会各有侧重地掌握工作进行的情况,向居民委员会进行汇报。这样就保证了居民委员会把各项工作分出主次和轻重缓急,集中使用人力。召开一次会议,就能布置苦干工作,进行几个不同内容的宣传,也节省了干部的工作时间,减少了会议的次数,避免了各系统都强调自己工作的重要性,产生不必要的纠葛。第二,是善于运用群众路线的工作方法。依靠群众,相信群众,群策群力,充分地发挥了群众的积极性。人多办法多,想得细,熟悉情况,所提的办法群众易于接受,行得通,因而,他们各项工作都开展得很顺利。第三,是坚持深入实际,进行调查研究。他们说,要想搞好居民工作,必须了解居民的生活状况、思想状况,懂得他们的心。这个委员会的主任们,整天都活动在居民当中,对每户的情况都很清楚,可以说他们做到了底子清、情况明。他们在绍兴道1号搞了个试验点,不仅了解了这27户居民的基本情况,而且对138个成年人的生活状况、思想状况等也都比较了解。他们说,通过搞这个点,取得了一部分发言权。他们说,城市里阶级成分、政治情况复杂,并且这些人来自四面八方,生活习惯各有不同,要想取得发言权,还得到更多、更复杂的地方去蹲点,了解情况。现在他们又在阶级成分、群众思想比较复杂的地方搞试点。第四,他们不但注意培养提高现有干部的水平,还注意发现和培养新的积极分子。如在社会主义教育运动中,发现和培养了六个成分好并有一定觉悟的新积极分子,为委员会增加了新的血液。第五,他们善于学习别人的经验,争取别人的帮助。他们学习了明德里的卫生工作经验,学习了三义庄居民阶层成分统计的经验,现正在学习东楼开展青少年教育和活动的经验。为了更好地开展居民工作,工作中还争取了台湾路小学师生的帮助;在调解纠纷的工作上也争取过居住在他们附近的许多单位的领导协助,取得了很好的效果。

5.有个雷厉风行、扎扎实实的好作风。他们的工作紧张、严肃、有生气,说干就干,干就干好,并树立了一切工作往前赶的时间观念,赢得了时间,取得了工作上的主动权。如节日值班、打扫卫生等,委员会的安排总是赶在街办事处布置之前。日常工作都是出色地提前完成,中心工作布置下来就立即研究,领会清楚精神后,4个主任就立即分成4片分别下达,下达之后,接着就帮助组长推动,发现能解决的问题,立即解决,工作当时就见效果。上午布置工作,下午一碰头就有情况;下午布置的工作,晚上就有情况。发现了大问题、难问题,就立即进行集体研究,找出解决办法。他们的工作做到了上级交给的任务布置下去得快、情况反映得快、问题解决得快,既有声有色,又扎扎实实。

这个委员会的干部对人、对工作的态度非常诚恳、认真,怎么说就怎么做,对待一件小事也非常守信用,如通知9点开会10点散会,到点一定准时开准时散。对群众提出的要求,能办的就立即办,办不到的就讲清道理,说办不到,决不模棱两可。在调解纠纷时也这样,谁是谁非,肯定明确,他们说宁可不息事,也不和稀泥。对同志讲信用、讲真理,说老实话、办老实事,群众对他们这种作风非常满意。

此外,我们认为,这个委员会的工作是好的,当然也还有不足之处,如干部工作时间过长,有些干部不出来工作等。还必须进一步调动全体居民干部的积极性,进一步加强思想政治工作,帮助他们安排好家务,使他们能积极地参加街道工作,并通过调整居民组织,划小小组范围,充分发挥小组长的作用,把居民委员会主要干部的活动时间压下来,以保护他们的身体健康,使其保持充沛的精力,更好地做好工作;同时街办事处还要加强对居民委员会工作的指导,加强委员会工作中的薄弱环节,使之更好地完成各项工作。

河西区人民委员会

【选自《天津政报》1964年第8期】

杭州市民政局关于重点检查群众生活情况的汇报^①

社黄〔1964〕字第 0232 号

杭州市人民委员会：

最近,我们会同上城、西湖区民政科,重点检查了城站街道、转塘公社光明生产大队的群众生活情况,检查内容主要包括吃、穿、住三个方面。现将检查情况汇报如下。

（一）城站街道

街道党委对救济工作是重视的。街道许主任亲自抓这项工作；街道干部也把做好救济工作当作一项经常的任务,并经常教育居民干部关心困难户生活,坚持访贫问苦制度。所以,这个街道的救济工作取得了一定成绩。

在吃的方面：全街道共有定期救济户 49 户,73 人,1963 年发放救济款3046 元,平均每月 254 元；共有临时救济户 167 户,616 人,1963 年发放救济款4996 元,平均每月 416 元。在这些救济户中,有聋、盲人 4 户,17 人；社会孤老77 户,79 人；劳力少子女多的 17 户,128 人；小商贩 32 户,154 人；精简退职人员 15 户,54 人；临时工 60 户,211 人；四类分子及家属 11 户,46 人。救济款发放对象基本上符合政策要求；救济户档案卡片亦较完整；救济时以发放粮食为主,做到粮款结合,1963 年的救济款总数中,粮食贷金占 54.4%；而且联系辖区粮站,对长期救济户中缺乏劳力的孤老,绝大部分做到送粮上门。

在穿的方面：街道在去年 10 月份就根据区人委的指示,对全辖区缺少衣被的困难户进行了深入细致的摸底调查,并及时同区民政科联系,到 12 月上旬就基本上发放完毕。据目前统计,共发放棉衣 32 件,棉裤 33 条,棉被 9 条,棉胎 6 条,布 62 尺,棉花 13 斤半。救济了 76 户,152 人。在寒衣救济上,街道除抓紧时间,认真贯彻"修旧补破"的原则外,还充分运用了群众力量,发动互助。据 5 个居民区统计,全街道群众互助的物资有单衣 6 件,单裤 9 条,袜子 1双,被里 1 条。除物资互助外,更多的是劳力互助。5 个居民区有居民干部、群众 10 多人,帮助 9 户困难户修补、拆补、缝纫寒衣共 13 件。如西牌楼居民区福利主任俞志娟、小组长高凤仙等 6 人组织了一个临时缝纫小组,为救济户

---

① 原文标题为《关于重点检查群众生活情况的汇报》。

免费缝、补了棉衣 2 件,棉裤 4 条,棉被 1 条。高凤仙、李桂英两人还自动拿出旧单衣各一套,给救济户的寒衣做里子,解决了棉布不足的困难。下羊市街居民区不但连夜为困难户赶制棉衣、棉裤、被套,做好后还一个一个送上门去。

在住的方面:城站街道对救济户的住房问题也照顾得比较好。全辖区没有一户救济户因房屋倒、漏,不能避风而担忧。我们逐户访问了 49 户长期救济户,其中 33 户住公房的都已经免了房租;住私房的 11 户中,群众照顾不收租金的 8 户,收少部分租金的 3 户;另有住自己房屋的 5 户。去年 12 号台风过后,街道及时联系房管、建筑部门,对倒坍和损坏的公私房屋及时进行了修理,发放了房屋修理救济款 161 元。同时,还发动邻里互助互济。如建国南路130 号长期救济户陈海凤住的一间房子已很破旧,有倒塌的危险,但又无钱修理。住在附近的 73 岁退职木工吴阿堂、泥工徐长海,以及居民干部、群众等 10多人,就主动帮她翻修,花了 7 天时间,拆大改小,以旧翻新,精打细算,不花一文钱,就把房子修好。陈奶奶搬进新房子去的时候,欢喜得流下了眼泪,不住地说:"谢谢共产党,谢谢大家!"吴阿堂老伯伯也高兴地说:"人民政府关心穷人,我们也应该关心她,帮助她解决困难,好像解决我们自己的困难一样。"

城站街道的救济工作,在吃、穿、住方面取得了很大的成绩,但是也还有些不够的地方。主要有以下两点:

一是在吃的方面,有 4 户救济偏紧,3 户应救未救,1 户可以不救而救济了。如西牌楼居民区范阿明,一家九口,本人生气喘病不能劳动,妻子卖糕,每月收入不足 10 元,最大的孩子 16 岁,发育不全尚不会劳动。政府每月只救济大米 50 斤,生活仍旧很困难。又如四类分子家属李阿四,两个女儿给人领小孩,收入 20 元,儿子做临时工,每月 30 元,自己拔猪毛也略有收入,一家七口,基本生活已能维持,而政府从去年 9 月开始,每月救济大米 50 斤。

二是在寒衣救济中,有 4 户在救济后仍不能解决过冬问题;2 户有布票,无钱购买物资,御寒仍有困难。如孤老童阿兴和救济户杨继堂,各救济棉布六尺半,棉花一斤半,但因为无钱买里子布,救济的布、棉至今还放着未动。又如卖棒冰的小贩杨芬玉,一家六口,依靠丈夫做临时泥工,每月 30 余元勉强糊口,4 岁的孩子无棉衣、棉裤;有布票,无钱买,要求街道开具证明去卖血,给小孩做棉衣。

以上情况已向街道许主任汇报,统一了认识。特别对存在的问题,逐户做了研究。许主任表示,要再布置外勤同志复查,及时纠正,应该救济而没有给予救济的先给予临时救济,待春季评议时再进行评议;救济标准偏低的适当地增加救济,但以不超过现有规定的积极标准为原则。对于缺少寒衣的也适当帮助解决。对于不应救济的,从 2 月份开始停止救济。

（二）转塘公社光明生产大队

光明生产大队是转塘公社一个比较困难的大队,有 163 户 716 人,分 9 个生产队;共有水稻 927 亩,是一个产粮地区。1963 年粮食总产量为 57 万多斤,平均亩产 615 斤,比 1962 年提高 25.6%,社员全年平均口粮为 465 斤,比 1962 年增加 30.2%。1963 年社员经济收入共计 39529 元,比 1962 年增长 28.5%,平均每个劳动日的报酬为 0.971 元。上述情况说明:光明大队社员 1963 年的生活情况比 1962 年已有较大好转。但由于前几年连续遭受自然灾害等,粮食歉收,不少社员"寅吃卯粮",家底很薄,所以上半年社员生活还有一定困难。

经济方面:1963 年大队总收入为 65423 元,社员分配数为 39529 元,占总收入的 60.4%。163 户社员中,决算分配时,有现金找入的 77 户,占总户数的 47.2%,找进金额 2338 元;"倒欠户"82 户,占总户数的 50.3%,倒欠金额 3561 元;平衡户 4 户,占总户数的 2.5%。1963 年全大队超支户比盈余户多,超支款比盈余款多,这说明 1963 年光明大队社员在经济上仍然有较大困难。

粮食方面:1963 年粮食总收入为 572368 斤,除上缴农业税 46313 斤,统购粮 131987 斤,留种粮 36610 斤以外,社员口粮 333405 斤,占总收入的 58.2%。全大队社员平均口粮 465 斤,水平最高的生产队平均每人口粮为 512 斤,最低的平均每人为 343 斤,但都超过 1962 年的水平。可是在 1963 年春、夏荒期间,社员缺粮向国家借粮 29872 斤,向亲戚朋友借的粮食数量大大超过国家借粮。秋收后,向私人借的粮食基本上已还清。归还后,今年又有一部分社员口粮要发生问题了。初步估计,全大队有 51 户社员口粮接不上春花,占总户数的 31.3%,预计春节前断粮的 1 户,2 月底 7 户,3 月中旬 5 户,3 月下旬 22 户,4 月中旬 3 户,4 月下旬 8 户。又据第五生产队的重点调查,该队共有社员 13 户,1963 年(上半年)向国家借粮 2600 斤,向私人借粮 5200 斤,平均每户借粮 600 斤。还了私人的借粮以后,13 户社员都要发生春荒,估计能吃到 3 月中旬的有 2 户,3 月下旬的有 8 户,4 月中旬的有 3 户,有的现在已开始向亲友借粮了。

此外,在冬令期间,全大队还有困难社员 19 户 19 人缺少棉衣,不能过冬。

对于社员的生活困难问题,大队党支部和工作组做了认真研究,提出了措施,本着个人、集体、国家三者结合的精神,帮助社员解决了一部分困难。

首先,把"倒挂户"应得的口粮分回去。根据不同对象提出不同的解决欠款办法:(1)欠款少又有归还能力的由其本人设法筹现款买粮,如社员郑大茂,欠款 15 元,决算分配时一手交钱一手分粮。(2)欠款多,有一定归还能力,但一时有困难的,采用同找进户挂钩、定期归还的办法,有家底的(如猪、羊等)订出还款计划,经贫下中农小组会讨论同意,先分给粮食。如第五生产队贫农何永兴全家 7 人,负担重,劳力不足,倒欠生产队 92 元,生活很困难,经过贫下中农小组会讨论,并与本人研究,本人设法先交 20 元,家有 70 斤毛猪一头,准备清明节出卖,可归还 30 元;生产队在公益金中补助 10 元,其余欠到 1964 年夏收时归还。(3)无还款能力的五保户、困难户,采取供给、补助的办法解决。如 4 户五保户分得口粮 2397 斤,以及分得柴草、鱼等,所需款由大队在副业收入中支付。困难户由生产队在公益金中补助一部分,公益金补助后还有困难的,国家给予适当救济。如第一生产队葛阿友(贫农)全家 4 人,只靠一个妇女半劳动力参加生产,而家庭副业搞得很好,决算分配中倒欠生产队 40 元,除本人交现款 20 元以外,生产队补助 13 元,其余要求支付救济。通过分类逐户地安排,倒欠户的粮食都已经分到家了。

其次,大队为了解决春夏荒的困难问题,组织一部分劳力在家培育春花、积肥和兴修水利,一部分劳力集体外出拔茅草,做临时工搞生产自救,增加收入,节约渡荒。到目前止,全大队有 161 亩油菜、45 亩小麦、29 亩大麦、26 亩蚕豆,已经培育得很好。外出生产自救的也有 500 多工,收入 600 余元。

再次,大队从长远利益出发,决定发展副业。1963 年全大队养猪 295 头,平均每户 1.8 头,到 1963 年底存栏数平均每户 1 头,养羊 65 只,决定今年公养私养并举。到目前止,大队向国家贷款集体购买小母猪 24 头,社员购买小猪 50 头。另外准备养鱼 8000 条,新建纸槽 2 只,增加毛纸生产。

最后,对没有棉衣、棉被无法过冬的困难社员,政府进行了寒衣救济,共发放棉衣 5 件,棉裤 4 条,棉胎 1 条,棉布 130 尺,棉花 10 斤,受到救济的共有 19 户 19 人,困难社员的御寒问题也获得了解决。

光明大队的群众生活,通过以上安排,目前已经可以过去,但是这个大队底子薄,一年丰收尚不能扭转穷困局面。一方面,社员的生活在春荒期间还会发生困难,因此需要继续发动社员开展生产自救,节约渡荒;另一方面,对部分无钱无粮的困难社员,民政部门应予以适当救济,以支持集体生产的发展。并建议将此情况向西湖区民政科反映,以便其向区委或粮食部门反映,及时掌握,研究解决。

杭州市民政局

1964 年 2 月 11 日

【由杭州市档案馆提供】

浙江省人民委员会关于结合社会主义教育
运动整顿和建立治保、调解组织的通知①

委公字 102 号

各专员公署,各市、县人民委员会:

几年来,我省大部分地区以公社、生产大队和居民区为单位,分别建立了治保、调解委员会或调解小组,加强了对四类分子的监督改造,调解了大量的民间纠纷,进行了敌情、政策、法令的宣传教育,对维护城乡治安、加强人民民主专政、巩固集体经济、增强人民内部团结和促进生产,都起到了良好的作用。但是,目前全省尚有部分地区没有建立治保、调解组织;在已经建立起来的治保、调解组织中,有一部分制度不健全,还有少数成员政治不纯,思想作风不好。为了进一步加强治保、调解工作,使之更好地为生产斗争服务,必须结合当前的社会主义教育运动,进一步整顿和健全治保、调解组织,为此特作如下通知:

(一)凡是目前尚未建立治保和调解组织的公社、生产大队和城镇居民区,应当在这次社会主义教育运动中,有计划、有步骤地建立起来。对于已经建立起来的治保、调解组织,应当进行整顿充实,凡是政治不纯的人员,要加以调整。在整顿、建立组织中,要切实贯彻阶级路线,保证工人阶级和贫下中农的优势,以党团员为骨干,吸收一些立场明确、为人正派、密切联系群众并热心于治保、调解工作的非党团员群众参加。

(二)治保、调解组织,由于它们的工作性质、任务不同,应当分开建立。治保委员会的组织设置,应当同基层党政组织、生产组织相适应,农村以生产大队或小的公社为单位,城镇以居民委员会为单位设立。调解组织的设置,要从便利群众出发,农村公社应当设立调解委员会,生产大队一般也应建立调解委员会,规模较小的可设调解小组,城镇以居民委员会为单位建立调解委员会,治保、调解委员会一般由 5 至 11 人组成,调解小组一般由 3 至 5 人组成。它

---

① 原文标题为《关于结合社会主义教育运动整顿和建立治保、调解组织的通知》。

的成员,应当由群众民主选举产生。在调解组织中,应当有一定比例的妇女参加。

(三)加强对治保、调解组织的领导。治保、调解委员会受公社管理委员会、街道办事处和公安派出所、特派员、人民法庭的领导。公社管理委员会、街道办事处要经常加强对治保、调解组织的政治思想和业务指导,并定期研究和检查其工作,以更好地发挥这两个组织在依靠群众、加强对敌专政和调处人民内部纠纷中的作用。

(四)治保、调解人员在进行工作时,应当密切依靠群众,善于结合生产、利用生产空隙来进行。

以上各点,希研究执行。

浙江省人民委员会

1964 年 2 月 24 日

【由杭州市档案馆提供】

杭州市民政局关于 1963 年民政
工作的总结和 1964 年的工作计划

　　1963 年是党继续贯彻执行"以农业为基础,以工业为主导"的国民经济的总方针,取得伟大胜利的一年。在这一年里,本市民政工作与其他各项工作一样,在市委、市人委和省民政厅的正确领导下,继续高举三面红旗,遵照党的八届十中全会精神,进一步贯彻执行了民政工作的方针、政策和任务,使各项民政工作取得了显著成绩。同时,民政干部和广大民政对象积极参加社会主义教育运动,在阶级斗争中受到了教育和锻炼,提高了阶级觉悟,增强了阶级斗争的观念,精神面貌有了很大变化,艰苦奋斗、自力更生、奋发图强的革命精神进一步发扬,干部的政策水平和工作作风有了改进和提高,使民政工作在新的形势下,进一步发挥了为社会主义建设服务的积极作用。

一

　　一年来,本市主要进行了以下民政工作。

　　1.抓住了经常性的拥军优属工作和优抚政策的宣传教育,使优抚工作进一步在基层落实。一年来由于各级党政机关的重视和支持,各地采取了经常与突击相结合的方法,不仅在节日深入开展了拥军优属活动,而且重视了经常性的拥军优属宣传教育,使拥军优属活动贯彻经常化。许多街道、居民干部,把定期访问烈军属列入了工作日程,街道党委书记、主任亲自上门问寒问暖,帮助打扫卫生、修理家具、护理病人等,体贴入微,关怀备至。闸口、长庆、金钱巷等街道的干部、民警,还把帮助烈军属列为干部参加集体劳动的内容之一,定期帮助烈军属,边劳动、边谈心,使街道干部与烈军属的关系进一步密切。水汀桥居民区 76 岁的军属占水金,看到街道干部上门劳动,感动地流下了眼泪,她说:"我这么大的年纪,从来没有看见过这样好的政府。"本市大多数粮站、菜场、燃料店的职工,不仅坚持对烈军属实行优先供应的制度,还风雨无阻为年老体弱的烈军属送货上门,并在货物的花色品种上给予了各种照顾。许多学校把为烈军属做好事,列为对少年、儿童进行阶级教育的内容。据全市不完全统计,一年来有干部、学生职工群众 3100 余人,为 800 多户烈军属做了 17000 余件好事,基本上改变了过去节日热闹闹,平时冷清清的局面,并涌现了一批新的优抚先进单位和先进工作者,使烈军属的政治地位大大提高。同时,各地还认真地贯彻了群众优待与国家抚恤相结合的方针,切实帮助烈军属、残废、复员、退伍军人等优抚对象解决了生产、生活上的困难。在市郊各公社继续贯彻了优待劳动日,受到优待的优抚对象有 481 户 2140 人,时间达 50282 个劳动日。城区各区、街道优先安排他们参加各种生产劳动,共达 961 人。政府发放定期或临时补助款 52005 元,受到补助的孤老烈军属、复员、退伍军人等共计 1252 户 5522 人。此外,还会同有关部门抓了对烈军属在医疗、子女入学、房租等三方面的减免工作,使他们的困难得到应有的照顾。一年来,在妥善安排优抚对象的生产、生活的同时,各地还加强了优抚对象的政治思想教育工作。江干区结合社会主义教育和冬季征兵工作,在区委书记亲自掌握下,召开了农村公社烈军属、复员、退伍军人和生产队干部、民兵大会,通过学习中央社会主义教育两个文件,大讲形势、大讲阶级斗争、大讲优抚政策、大讲兵役法,开展新旧回忆对比,激发了到会者的阶级感情,增强了国防观念,使他们普遍认识到只有加强国防,才能不吃"二遍苦",才能保住胜利果实,过去国民党买兵是卖命,今天送子应征是保家卫国的道理,许多原来优待工分过高的军属不仅自动放弃了优待,而且积极鼓励子女安心服役,同时提高了干部的认识,批判了过去"许愿""私订合同"的错误做法,使冬季应征工作顺利完成。下城、江干等区还组织了烈军属政治学习小组,加强了烈军属等优抚对象的经常性政治思想教育工作,如闸口街道建立了 8 个学习小组,坚持了每月学习 2 次的学习制度,先后学习了雷锋事迹、"好八连"、国庆社论等十几个文件,并总结了平时做到"三抓"的教育方法,即抓活的思想、抓活的教材、抓活的教育方法。通过加强对烈军属等优抚对象的政治思想教育,他们的思想觉悟提高了,在各项工作中发挥了模范带头作用,从而有力地推动了征兵工作,支援了前线,鼓舞了部队士气。仅据武林等 4 个街道的统计,去年一年收到的立功喜报和五好战士喜报就达 170 余件。

2. 根据大力支援农业,巩固人民公社集体经济和以调整为中心的"八字"方针的精神,继续加强了对社会救灾、救济工作的领导。一年来在市郊农村,各地积极督促和帮助公社、生产队解决五保户、困难户的供给、补助问题和春夏荒期间群众的生活安排问题,并重点帮助了穷社穷队,先后发放了救济款 35628 元,受到救济的有 4604 户,15276 人次,使五保户、困难户的生活有了不同程度的改善。去年本市还遭到 12 号台风的袭击,受灾农作物面积达 101100 余亩,损坏和倒塌房屋 9659 间,为了尽可能减少灾害的损失,全市党、政、军、民共同奋斗进行了抢救工作,民政部门先后发放了救灾款 16808 元,布 10000 尺,棉花 1000 斤,以及各种建筑器材等,并协助各地在灾后开展了生产自救,不少地区不仅挽回了损失,而且获得了丰收。在城区,各区、街道先后动员了社会救济户、困难户 1554 人上山下乡,支援了农业生产,压缩了城市人口。同时,还会同公安部门加强了对盲目流入城市的自流人员和长期流浪人员的收容遣送和安置工作,改进了遣送方法,坚持做到遣送安置落实,先后共处理了 8362 人次,较 1962 年下降了 25.3%。一年来,有些地区还对生产自救单位进行了整顿,如上城区通过整顿,撤销了不符合生产自救方向的电气五金、机电修理、水电安装等 29 个单位和 34 个服务站,清理了非民政对象,端正了生产方向,进一步发挥了生产自救的作用,现在该区尚有生产单位 41 个,生产人员 1161 人,共发放加工费 115431 元,平均每人每月 8 余元,超过了该区发放救济费的 41%。区属社会福利生产单位,一年来有了进一步发展,由原有的 14 个单位增加为 19 个单位,人员为 1421 人。同时,通过开展反浪费、比先进的增产节约运动和社会主义教育运动,提高了职工觉悟,改善了经营管理,在产品的质量上也有了改进,上城区荣光服装厂的机绣龙凤枕套已得到行业好评,去北京参加了产品质量展览会。小孩围嘴已成为出口产品。市属杭州福利工厂,克服了各种困难试制成功塑料童凉鞋,去年大批生产供应市场。市属花坞、大观山两个果园和新接办的洛山牧场以及少年儿童教养院,去年陆续安置了长期流浪人员和顽劣儿童 264 人,并通过安置生产加强了思想改造工作,使他们成为自食其力的劳动者,去年共生产水果 109 万斤,粮食 39 万余斤。在组织生产的同时,一年来城区还进行了长期和临时救济户的评定工作,先后发放救济款 258632 元,受到救济的有 5681 户,16459 人。

3. 大力加强了婚姻登记工作。去年在"三八"妇女节前后,民政局会同市妇联、中级人民法院举办了以真人真事为题材的婚姻法展览会,广泛深入地开展了婚姻法和计划生育、提倡晚婚的宣传教育,并召开了两次全市性的婚姻登记干部会议,总结交流了工作经验,批判了在登记工作上的一些糊涂观念和错误认识,提高了对婚姻登记工作的认识和政策业务水平,严格了登记手续,并总结了"看、听、问、查"的四字审查方法,基本上制止了封建包办婚姻和早婚、重婚等不合法的婚姻,支持了不少男女争取婚姻自主的斗争,并基本上刹住了结婚坐花轿、汽车,请客送礼,大办酒宴等铺张浪费的歪风,树立了勤俭办婚事和提倡晚婚的优良风气,今年结婚人数已较去年下降 30.3%,在结婚的平均年龄上也较 1962 年有所推迟。据拱墅区 4 个街道的统计,去年平均婚龄男性为 27.8 岁,女性为 22.98 岁。

此外,过去一年中,我们还进行了回乡复员、退伍军人的安置,基层政权组织和行政区划的调查研究,残废居民人换发残废证、整理福利工作和人民来信来访等工作,并加强了对市属县的业务指导和移民安置的调查研究等,均取得了一定成绩。

二

一年来本市民政工作所取得的成绩,是和党开始进行以阶级斗争为纲的社会主义教育和"五反"运动取得的显著成效分不开的,运动不仅大大促进了各项民政工作的顺利开展,而且教育了民政干部,使其看到了民政工作中存在的两个阶级、两条道路的斗争,增强了阶级斗争的观念,初步揭开了阻碍革命化的盖子,革命自觉性和民政工作的事业心有了进一步提高,工作作风、方法有了改进。但以革命化的要求来衡量,我们的工作还相差很远,工作中还存在许多问题。主要反映在以下几个方面:

1. 政治思想工作方面。一年来各地民政干部通过社会主义教育和"五反"运动的教育,初步树立了以阶级斗争为纲的指导思想,加强了对民政对象的政治思想教育工作,并初步摸索出了一些经验,例如:组织烈军属政治学习小组进行经常性的政治思想工作,开展婚姻法的宣传教育,训练婚姻登记干部,提高干部和人民群众的认识,增加在制止封建包办婚姻和提倡晚婚方面的经验等,但是总的来说,以阶级和阶级斗争的观点来分析研究和指导民政工作还是薄弱的,我们在贯彻各项民政工作时往往是讲业务多,讲政治工作少,因而重物质,轻政治,重生产,忽视思想改造的非政治倾向,仍然是一个比较突出的问题。例如:在优待劳动日工作上以物质优待代替了政治思想工作的平均优待,乱许愿、私订合同等变相买兵的情况在去年仍继续发生。在少数烈军属等优抚对象中也滋长了特殊化的思想,生活不困难也要求优待补助,达不到要求,就发牢骚讲怪话,到处写信,甚至有的讲"一块木板,两张红纸,军属有啥光荣"等。在社会救济中存在着单纯的救济观点,有些基层干部认为救济工作只管吃、穿、住等生活问题,谁有困难救济谁,无所谓阶级斗争,使一部分救济户、困难户滋长了依赖政府救济的思想,有的领了救济款后不是省吃俭用,而是大吃大喝用完了,再伸手要救济。有些地区对四类分子的救济与对基本群众的救济平等对待不加区别,甚至有的四类分子、投机倒把分子,借生活困难无理取闹,装穷叫苦,骗取救济,如四类分子潘燕飞每月拿了救济款还在居民区中到处喊"饿死了"。在福利生产单位和生产自救中,也曾出现一股资本主义的歪风,以生产自救为名开设地下工厂,进行投机倒把,牟取暴利,助长资本主义自发势力的复辟活动。

2. 深入基层,调查研究方面。一年来,我们针对民政工作中的问题,进行了许多调查研究工作,例如:在乌龙公社进行了优待劳动日工作的调查,在金钱巷街道进行了对组织生产自救的调查,在建德县进行了经费管理、使用情况的调查,以及对婚姻登记工作情况的调查等。这些调查研究,对于正确贯彻执行党的方针政策,指导工作的开展起了积极的推动作用。但是在调查研究工作上也存在缺点和问题,主要是走马观花多,深入基层蹲点少,没有抓住问题,以阶级斗争的观点、阶级分析的方法和严格的科学态度,追根到底,通过试点做出样板来指导全面工作,因而对民政工作情况还是掌握得不深不透,问题解决不能彻底。例如:在社会救济上 1963 年参加生产自救的人数较 1962 年下降 50%,发放的救济款,1963 年较 1962 年上升 40%,救济面由 1962 年的 0.52‰上升至 0.74‰,对其原因,我们虽做了一些调查,但是没有抓住矛盾的主要方面,认真进行试点,帮助基层加以解决,因而生产自救工作迄今仍然是社会救济工作中的一个薄弱环节,有的区甚至没有管生产自救的工作,同样,在纠正农村优待的偏差上,也存在类似情况。

3. 基层建设方面。民政对象绝大多数分散在街道、居民区和公社生产队,同时,民政部门大量的工作要依靠街道、公社基层组织来贯彻,因而加强基层建设,使机关工作面向基层、面向生产、面向群众,是改进民政工作的关键。一年来,在加强基层组织建设方面,虽做了一些工作,例如:编印了有关民政工作的方针、政策的教材,进行了居民干部训练的试点,在下城、江干等地区的街道结合中心工作进行了居民干部的民政业务的学习。民政部门还协助各区召开了居民区先进集体、先进工作者会议,激发了基层干部的积极性,推动了工作,不少地方涌现出了许多民政工作搞得较好的基层单位,例如:组织生产较好的金钱巷街道,抓经常优抚工作较好的武林、闸口街道等。但是我们对这些好的基层单位的工作经验,还缺乏系统全面的总结推广以及对它们克服现有缺点和问题的帮助,因而在指导基层工作上声势不大,效果不显著,措施不够有力。基层组织作用还没有充分发挥,各项制度方法也还不健全,例如:民政经费的管理使用,生产自救的管理,五保户、困难户的供给补助等制度的不健全,也直接影响了基层工作的顺利进行。

上述问题产生的原因,主要是我们民政局领导上,对毛主席关于阶级斗争的指导思想的学习不够,阶级观念淡薄。首先是对反映在民政工作中的两个阶级、两条道路斗争的尖锐性和复杂性认识不够清楚,往往把属于阶级、阶级斗争的问题,看成生活问题、认识问题,缺乏以阶级观点来指导民政工作的思维,特别是对民政干部和民政对象的政治思想工作抓得不紧不狠,没有把人的因素,政治、思想因素,活的思想因素放在第一位,有些单纯业务观点,因而在贯彻执行党的方针政策时措施就不够有力。其次是工作作风、方法上,存在着比较严重的官僚主义,高高在上、忙于事务,对基层情况摸不透,抓不住主要矛盾,因而集中主要力量,打歼灭战很不突出,给下面的工作造成了困难。最后是对党的方针政策和先进地区经验的学习不够,存在着故步自封、骄傲自满的思想,平时抓业务多,抓学习少,政策业务水平提高得不够快,工作跟不上形势的发展。

三

当前的形势是一派大好,全市正在广泛深入地开展社会主义教育和“五反”运动,社会主义革命正在深入发展,各方面工作日益走上正确的轨道。我们应当更高地举起毛泽东思想旗帜,认真学习解放军、石油部的政治思想工作经验,大力加强思想政治工作,积极开展业务,使民政工作切实地为党的中心工作服务。

(一)在1964年要集中主要力量做好的几项工作

1.加强战备思想,进一步做好优抚、复员安置工作。(1)加强优抚对象的政治思想工作,督促各地结合春节、“八一”等节日的拥军优属活动和社会主义教育运动,普遍运用代表会、座谈会、组织烈军属学习小组和重点访问、接待来访等形式和时机,抓住活的思想,采取回忆对比,表扬先进、批评落后等方法,有的放矢地对烈军属、残疾军人、复员军人、退休军官等优抚对象进行阶级教育和革命传统教育、革命前途教育,提高他们的阶级觉悟。大力表扬好人好事,树立各种标兵,号召大家比、学、赶、帮,发扬革命的光荣传统,在各自的生产、工作岗位上和各种政治运动中发挥积极作用。同时,结合运动在干部和群众中进一步宣传和贯彻拥军优属的政策,要他们学习解放军的革命精神和战斗作风,更加关心和尊敬烈军属等优抚对象,自觉地执行党和国家的优抚政策。(2)根据内务部规定的农村享受群众优待的"五种"对象和享受定期定量补助的六种对象,进一步做好优待补助工作,并切实纠正平均优待、普遍优待的偏向。同时,重点加强机关、工厂、企业的优抚政策的宣传教育,督促各地按照政策规定,帮助军人直系亲属解决生活上的困难,对在职应征的军人家属,应按规定使其享受单位劳保待遇。(3)根据"妥善安置,各得其所"的方针,以及支援农业、压缩城市人口的精神,督促各地认真完成复员安置工作,妥善解决好他们的就业问题,解决好他们在农村的安家落户问题,以及慢性病人员的疾病治疗问题,进一步调动复员、退伍军人的生产积极性。

2.抓好城区街道生产自救工作,根据群众自办自筹和因地制宜的原则,组织社会困难户中有劳动能力的人参加各行各业临时性、服务性的生产劳动,进一步总结推广街道居民中组织生产自救的经验,使城市生产自救工作进一步发展。

3.根据"六十条"的规定,认真督促做好五保户、困难户的供给、补助工作,力争在早稻分配前把供给、补助评定落实,并结合春、夏荒群众生活安排检查,总结推广做好供给补助的经验。

4.加强事业费的管理工作。督促各地结合"五反""四清"工作,认真清理民政事业费的使用费用,研究改进事业费的管理方法,总结先进经验,狠抓预、决算和季报、月报制度,并加强各区会计人员的业务学习,提高财会人员的政策和业务能力,进一步树立当家要理财的思想,认真贯彻执行有关内务部和省、市的财务规定。

5.抓好社会福利事业、生产单位的"五反"和社会主义教育运动。结合运动进行整顿,使直属社会福利生产、事业单位争取在今明两年完成任务,区属单位在各区党委领导下统一进行。通过运动和整顿,要求达到:(1)提高干部的阶级觉悟,正确执行政策,实现思想、工作革命化;(2)彻底转变作风,关心群众生活;(3)健全领导核心,纯洁组织;(4)贯彻民主办事业、勤俭办事业的方针,健全各种制度;(5)干部不多吃多占,不铺张浪费,不挪用公款,不贪污盗窃,不投机倒把,不打骂群众,不违法乱纪;(6)在生产单位开展增产节约运动,改进企业管理,加强经济核算,完成1964年各项生产任务和收容安置改造任务。

(二)1964年还应做好的经常性的工作

1.做好城区精简职工和社会救济户的救济工作,督促各地正确贯彻救济工作中的阶级路线,做好救济户的评议和款、物的发放工作,并加强救济对象的政治思想教育,发扬自力更生的精神,克服单纯依赖救济的思想。

2.督促各地做好春、夏荒群众的生活安排和预防新灾的工作,及时掌握灾情,组织抢救。

3.结合社会主义教育运动,加强对盲人、聋哑人的社会主义教育,配合有关部门严格取缔盲人"算命","聋人""卖面"骗钱的违法行为,并安排他们参加生产劳动。

4.进一步总结婚姻登记工作经验,协同有关部门大力加强晚婚和计划生育的宣传教育工作,并开展新婚、丧礼俗的宣传,改革旧的礼俗,提倡勤俭办婚、丧事,制止铺张浪费。

5.进一步加强基层政权的调查研究和试点工作,提出改进公社、街道、居民组织的意见供市领导参考,并积极协助市里做好召开各区街道居民先进集体、先进工作者会议的各项具体工作。同时,对行政区划的调整,根据市的指示进行具体调查研究,提出意见,并会同有关部门编制杭州市区划变更资料,印制行政区划地图。

6.根据少转多办的精神,做好来信来访工作,并及时检查处理结果,对带有普遍性的问题,要及时综合研究,采取措施加以解决。

(三)完成上述任务的主要措施

1.大学毛主席著作,大抓机关革命化和战斗化。局机关要进一步把"五反"运动搞深搞透,在学习中央关于加强相互学习,克服故步自封、骄傲自满的批示,以及解放军、大庆油田政治工作经验的基础上认真总结1963年的工作,开展摆好评比运动,掀起学习毛主席著作的热潮,做到带着问题学,活学活用,人人以主席的立场、观点、方法研究和解决工作中遇到的实际问题,热爱自己的工作,发扬艰苦奋斗、任劳任怨的革命精神,通过评选先进,树立标兵,开展比、学、赶、帮运动,培养"三老""四严""四个一样",以及闻风而动、说干就干的战斗作风,在工作中树立以阶级斗争和阶级教育为纲的指导思想,坚持"四个第一",根据不同对象抓活的思想,树立榜样,进行活的教育。

2.深入基层、调查研究,集中主要力量打好歼灭战。选择1至2个基层单位为点组织工作组,干部轮换下基层,吃透两头,及时准确地抓住工作中的薄弱环节,分清主次,狠抓第一性资料,采取抓一个解决一个的扎扎实实的方法加以解决。并集中主要力量抓好五项重点工作。

3.狠抓基层,打基础,做好基本功。公社、生产队和街道、居民区,是我们民政工作的落脚点,是我们工作的基础,这些基层单位的工作做得好不好,是民政工作能不能落实的关键。所以,我们必须面向基层,为基层服务,狠抓基层工作,结合社会主义教育和"五反"运动整顿基层民政工作,在今年要求系统地总结1至2个基层单位的民政工作经验,制定各种必要的办法,使基层工作逐步走向制度化,打好基础,做好基本功。

4.整顿机关工作制度。在总结工作、肯定成绩、交流经验、找出差距的基础上,制定工作条例,加强机关工作的组织性、计划性、条理性,更合理地使用干部,更好地分工协作,从而调动全体干部的积极性,鼓足干劲,更好地完成今年的民政工作任务。

1964 年 4 月 3 日

【由杭州市档案馆提供】

杭州市人委下发《"五好"居民委员会、"五好"居民小组、"五好"居民干部、"五好"居民积极分子竞赛条件(初稿)》的通知①

各区人委、街道办事处:

现将《"五好"居民委员会、"五好"居民小组、"五好"居民干部、"五好"居民积极分子的竞赛条件(初稿)》发给你们,在这次街道评选先进集体和先进工作者的后期,组织干部和群众讨论,作为今后奋斗目标。干部和群众在讨论中提出的意见,于4月底以前由各区汇总送给我们,以便修改后作为各区街道工作先进集体和先进工作者会议上的倡议。

杭州市人委办公室

1964 年 4 月 6 日

"五好"居民委员会、"五好"居民小组、"五好"居民干部、"五好"居民积极分子竞赛条件(初稿)

一、"五好"居民委员会、"五好"居民小组(大墙门)

1. 政治思想工作好。经常向居民进行社会主义教育,不断提高居民群众的政治觉悟,移风易俗,兴无灭资,相信科学,破除迷信,树立社会主义新道德、新风尚;积极响应党和政府的号召,遵守政府的政策法令、规章制度;干部之间亲密无间,互相支持,互相帮助,共同进步,从而出色地完成各项居民工作任务。

2. 勤俭持家开展好。发扬勤俭节约、艰苦奋斗的优良传统,树立以勤俭节约为荣、奢侈浪费为耻的社会新风尚;积极搞好家务劳动,精打细算地安排好生活,逢年过节、婚丧喜庆,不讲排场、不铺张浪费,做到新事新办。

3. 邻里团结互助好。大力培养和增进人与人之间的无产阶级感情、无产

---

① 原文标题为《通知》。

阶级友爱,发扬助人为乐、舍己为人的共产主义风格;做到邻里团结友爱,尊老爱幼,相互关心,相互照顾,一人有事,大家帮助。

4.教育儿童做得好。经常以社会主义思想教育儿童,使他们热爱祖国,热爱党,热爱毛主席,热爱劳动,热爱学习,热爱社会主义事业,有礼貌、守纪律,把下一代培养成为革命事业的可靠接班人。

5.卫生治安搞得好。发扬以讲卫生为荣,不讲卫生为耻的新风尚,教育居民养成良好的卫生习惯,做到人人讲卫生,个个爱清洁,除害灭病,增强健康;实行计划生育,响应晚婚号召;教育居民提高革命警惕性,做好"四防"工作,保护公共建筑和公共财物,维护社会秩序,确保居民区安全。

二、"五好"居民干部

1.政治思想好。努力学习政治,读毛主席的书,听毛主席的话,按毛主席的指示办事;拥护三面红旗,立场坚定,社会主义方向明确;积极响应党的号召,维护国家法纪,同一切坏人坏事开展斗争。

2.完成任务好。热心街道居民工作,认真负责,处处为群众着想,出色地完成各项任务。

3.执行政策好。模范地遵守政府的政策法令,坚决按照政策办事;经常向群众宣传党和政府的方针政策。

4.工作作风好。作风民主,办事公道,实事求是,如实反映情况,密切联系群众,关心群众生活,积极参加劳动。

5.团结互助好。干部之间亲密无间,互相支持,互相帮助,共同进步;家庭和睦,邻里友爱。

三、"五好"居民积极分子

1.政治思想好。努力学习,提高政治觉悟;听毛主席的话,跟共产党走,积极响应党和政府的号召,遵守政府的政策法令;移风易俗,相信科学,破除迷信;热心公益事业,爱护公共建筑和公共财物,维护公共秩序,敢于同坏人坏事作斗争。

2.勤俭持家好。积极搞好家务劳动,精打细算地安排好生活,逢年过节,婚丧喜庆,不铺张浪费,新事新办,从而促进家庭成员的生产、工作和学习。

3.家庭和睦邻里团结好。发扬助人为乐、舍己为公的共产主义道德风尚,做到团结友爱,尊老爱幼,相互关心,相互照顾。

4.教育子女好。经常以社会主义思想教育子女,使他们热爱祖国,热爱党,热爱毛主席,热爱劳动,热爱学习,热爱社会主义事业,有礼貌、守纪律,把自己的子女培养成为革命事业的可靠接班人。

5.卫生安全好。有良好的卫生习惯,经常保持室内外整洁,积极搞好环境卫生和除害灭病工作;提高警惕性,做好"四防"工作。

【由杭州市档案馆提供】

杭州市上城区人民委员会
为小营巷居民区装置共用自来水给水站的函①

上委办〔1964〕字第 59 号

杭州自来水厂：

　　兹由本区马市街道小营巷居民区住有居民 590 多户，2400 多人，这个居民区的小营巷和马市街一带，因没有公用自来水给水站，多数居民都公用井水，由于使用的人较多，井水很不清洁，特别是一到夏天井水就变质发臭，给居民的饮水带来更多困难。这样既不符合卫生要求，又有碍于居民群众的身体健康。同时，小营巷居民区是一个卫生先进居民区，是毛主席到过的地方，到这个居民区参观访问的内外宾较多，如这一问题不做适当解决，也是一个不好的影响。为此根据上述实际情况和居民群众的要求，特函请你厂设法帮助，在小营巷居民区的小营巷 46 号附近和马市街 41 号附近各装置公用自来水给水站一个，以解决这一带居民群众的饮水问题。

　　特此函告，并请处复。

上城区人民委员会

1964 年 4 月 7 日

【由杭州市上城区档案馆提供】

---

① 原文标题为《为小营巷居民区装置公用自来水给水站的函》。

杭州市人委关于城区街道办事处设置和名称的通知①

办证字 161 号

各区人委:

为了进一步加强城区街道工作,便利人民群众,经市人委研究决定,对街道办事处的设置和名称,做如下调整。

一、西湖区增设一个街道办事处,即将北山街道办事处分设为北山、灵隐两个街道办事处。增设的街道办事处的编制,由西湖区人委在总编制内自行调剂解决。

二、为了与城区公社名称基本对口,将现有街道办事处名称做如下更改:

(一)上城区除城站街道办事处保持原名外,将马市街、定安路、金钱巷、岳王路、花牌楼、横河桥街道办事处,分别改名为小营巷、涌金、清泰、湖滨、清波、横河街道办事处。

(二)下城区将武林路、长庆街、天水桥、潮鸣寺、艮山门街道办事处,分别改名为武林、长庆、天水、潮鸣、艮山街道办事处。

(三)江干区除南星桥、闸口、望江街道办事处保持原名外,将海潮街道办事处改名为天王桥街道办事处。

(四)拱墅区除米市巷、拱宸桥街道办事处保持原名外,将茶亭庙、大关街道办事处,分别改名为湖墅、小河街道办事处。

(五)西湖区除增设的灵隐街道办事处外,北山、南山、西溪街道办事处仍保持原名。

三、各区街道办事处的管辖地区,根据便利工作和方便群众的原则,可以自行做适当调整,并将调整后的行政区划附图报市人委备案。

以上通知,希遵照执行。

浙江省杭州市人民委员会

1964 年 4 月 23 日

【由杭州市档案馆提供】

---

① 原文标题为《市人委关于城区街道办事处设置和名称的通知》。

杭州市上城区岳王街道要求解决
居民委员会使用房屋租金问题的报告①

区人委办公室：

我们街道解放、延安居民区,原来都有居民会堂可办活动。自 1961 年以来都已撤销。有时开一个小组会都没有地方,给工作带来不少损失。最近,解放街居民区利用原吴山缝纫服务站的房子(吴山路 102—104 号)做居民委员会活动场所,每月租金 6.12 元,延安路居民区向居民郭凤仙商租房子一间,每月租金 4.00 元。4 月份房金将居民委员会办公费付了,而房管所不同意减免,为解决实际居民办公和召开会议的困难,报请领导予以解决,联系房管所予以免缴或指示在什么费用中开支。是否可以,请予批复。

岳王街道办事处

1964 年 4 月 28 日

拟办:已口头告诉孟主任,暂在居民办公费中开支。

李□□

5 月 18 日

【由杭州市上城区档案馆提供】

---

①　原文标题为《要求解决居民委员会使用房屋租金问题的报告》。

杭州市上城区湖滨街道
加强对闲散劳动力的安置管理工作①

　　为了切实掌握闲散劳动力的情况,做好闲散劳动力的安置管理工作,去年9月,我们根据上城区委和区人委的指示,对社会闲散劳动力进行了全面的调查,并加强了经常性的管理,我们的基本做法如下:

　　1.进行闲散劳动力的全面调查工作。为了摸清闲散劳动力的情况,1962年以来,我们陆续进行过五六次调查。去年9月,我们又再一次开展了突击性的全面调查。主任亲自掌握,全体干部分工负责,各个居民区除了居民干部以外,还选择了两个政治可靠的社会知识青年参加。调查之前,首先组织参加调查工作的人员进行学习,使他们明确调查工作的目的意义、调查范围、政策界限以及具体做法。在调查方法上主要以查户口册和召开居民小组长会议进行侧面了解为主,并进行必要的正面访问。对社会闲散劳动力的调查,牵涉面广,是一项比较细致复杂的工作,由于我们对这一工作比较重视,作为街道的一项突击任务来抓,同时,又放手发动了群众,因此工作进行得比较顺利,在一个月左右的时间里,基本上完成了调查任务。

　　2.内部建立登记卡,分类保管。经过调查,凡是列入闲散劳动力范围的对象,每人建立一张活页卡片(一式两份,一份留街道,一份送区劳动科)。确定由内勤负责统一保管。为了便于调配工作和管理,活页卡以居民区为单位排列,并按七个类型分别安放。这七个类型是:

　　(1)具有技术的人员(简称技类)指男55岁以下,女45岁以下,有3年以上专业工龄的各种技术工人和技术人员(技术工人指车钳刨铣等五金技工,泥木竹漆等建筑技工以及起重安装内燃机修理等各种技工,不包括轻纺工业的熟练工)。

　　(2)大中专学校毕业生和其他具有各种专业知识技术特长的人员(简称专类)。指男55岁以下,女45岁以下的大中专学校毕业生和其他具有各种专业

知识及技术特长并有实际工作经验的人员（包括汽车、轮船驾驶员，中西厨师，钟表、无线电修理人员，中西医生以及有特殊专业知识的商业人员等）。

（3）知识青年（简称知类）。指年龄在 16 至 25 岁，具有初中以上文化程度的人员。

（4）社会青年（简称社类）。指年龄在 16 至 25 岁，文化程度在高小以下的人员。

（5）男普工（简称男普类）。指年龄在 26 至 50 岁，能从事体力劳动的男性劳动力。

（6）女普工（简称女普类）。指年龄在 26 至 40 岁，能从事体力劳动的妇女劳动力。

（7）一般劳动力（简称其他类），凡不属上述六类的人员，均放在其他类（包括男 60 岁以下，女 55 岁以下还有一定劳动能力的人员）。

3. 建立调配和退工的记录制度。在日常调配劳动力时，凡在 10 天以上的，就在活页卡中记录调出日期、工作单位、工作期限等，同时将卡片抽出，分别按长期工、临时工另行安放；凡是期满或中途退工则由区劳动科发给退工联系单，向街道办事处报到，我们在活页卡上填好退工记录，再把卡片放回原处。建立调配和退工记录制度，不仅能够随时掌握闲散劳动力的安置情况，而且可以根据各人的生活情况和实际出工天数，合理安排工作。

4. 定期进行清理核对。我们除了结合日常调配安置工作，随时掌握闲散劳动力变化情况以外，还由外勤干部按分管居民区分工包干，每季度进行一次全面的清理核对。通过核对，根据劳动力的变动情况，及时做好活页卡的建立、注销和调整工作。

加强了闲散劳动力的管理以后，我们感到主要有以下几点收获：

1. 掌握了闲散劳动力的情况，为做好闲散劳动力的教育管理和调配安置工作打下了基础。自 1961 年以来，由于调整国民经济、精简职工、整顿街道企业，压缩大专学校的招生人数，社会闲散劳动力有所增加，但在过去一个时期内，我们对闲散劳动力的情况却一直没有很好掌握，因而在调配和安置工作中存在不少问题，例如有的单位要一些技术工人，由于我们心中无数，往往调不出，造成用人单位招不到人，要工作的人找不到工作。有时由于调配不当，该安置的没有安置，可暂不安置的安置了，群众意见较多。经过调查和内部建卡，对本地区闲散劳动力的实有人数和他们的就业条件、家庭生活状况等，基本上摸清楚了。半年来，不仅调配不当的情况有了显著的减少，而且为今后进一步加强对闲散劳动力的组织教育,有计划、有步骤地进行调配安置创造了有利条件。

2.提高了干部的政策业务水平,认真地贯彻执行了党和国家有关劳动力调配的方针政策。闲散劳动力的管理和安置,对我们街道来说,还是一项新的工作,绝大多数干部对这一工作都很生疏,政策业务不熟悉。在这次调查和建卡的过程中,我们组织全体干部学习了加强闲散劳动力管理的重要意义,以及闲散劳动力的管理范围、分类方法、分类原则等,调查建卡工作告一段落以后,我们又根据党和政府有关安置闲散劳动力的方针政策,组织全体干部,共同研究、制订了闲散劳动力管理办法、劳动力调配和安置工作守则,对政策原则和具体调配手续等都做了明确的规定。通过学习和具体的实践,干部的政策业务水平有了显著的提高。半年来,在提高干部的政策业务水平的基础上,我们认真贯彻执行了党的劳动力调配政策,在调配工作中逐步地树立起三个观点(阶级观点、生产观点、群众观点)。去年第四季度和今年第一季度,经我们安置长期就业的闲散劳动力有 74 人,曾调配过临时性工作的有 326 人,两者合计共 400 人,其中大多数是 25 至 35 岁、政治历史清楚、身体健康的青壮年劳动力,基本上能适应生产和工作的需要。同时,对按照政策需要优先安置就业的人员,又做了适当的照顾,从而做到既关心群众生活,尽可能从各方面安置就业,又防止了不从生产出发、片面照顾群众生活困难的单纯就业观点。

3.进一步密切了党和政府与人民群众的关系,今年第一季度经我们调配安置的闲散劳动力中,生活困难、迫切需要就业的有 122 人,占总数的 41%。由于我们帮助部分群众解决了切身利益问题,而在调配工作上一般又能做到大公无私、公平合理、按照党的政策办事,因而使群众进一步体会到党和政府对他们的亲切关怀,进一步密切了党和政府与群众的联系。如居住在东浣纱路 22 号的居民张桂珍,一家三口,原来无人就业,本人又有精神病,生活困难,全靠政府救济度日。去年冬季,我们把他 16 岁的儿子介绍到合作企业豆腐店去当学徒,减少了政府救济。特别是他的儿子在参加工作以后,吃得白白胖胖,人也长得高大了。亲属们对此十分感激,他们说:"党和政府真是给我们办了一件大好事。"附近的居民群众也反映:"政府给这些人安排工作,我们感到很满意。"

我们在加强闲散劳动力的安置管理工作以后,取得的成绩是比较显著的,取得这些成绩的主要原因有:

1.领导重视。区委区人委对这项工作是很重视的,去年 9 月曾几次召开专门会议,讲清闲散劳动力安置管理工作的重要性,介绍上海市普陀区胶州路街道加强闲散劳动力管理工作的经验,动员和部署各街道切实加强这方面的工作。通过这些会议,我们逐步认识到劳动就业是人民经济生活中的重大问题,闲散劳动力的安置管理工作关系到生产建设和广大群众的切身利益,认真做好这一工作,对于促进工农业生产,满足社会生活的需要,改善城市人民生活,压缩城镇人口和整顿社会秩序等各方面都有很大意义。这一工作做不好,会影响街道其他任务的完成。因此,街道党委和街道办事处都把这一工作列入重要议事日程。书记、主任经常注意掌握闲散劳动力的情况,研究安置出路,督促内外勤干部切实关心闲散劳动力,特别是精简职工的生活情况,做好日常的调配工作和困难救济工作。从实际工作中我们体会到,领导重视是做好闲散劳动力安置管理工作的根本关键。

2.内外勤明确分工,密切配合,把突击调查登记和经常管理工作结合起来,以加强经常管理工作为主。去年10月,我们下了很大决心,动员组织街道的主要力量,在一个月左右的时间里,完成了闲散劳动力的调查和内部登记建卡工作。紧接着又确定由全体内外勤干部分工负责,切实加强了经常性的管理,确定登记卡片由内勤负责统一管理,闲散劳动力动态的掌握,由各个外勤按居民区分工包干。遇有成批调配劳动力时,先按各居民区闲散劳动力的数量和质量平衡分配任务,由各外勤根据招工条件与居民区商讨研究,提出初步名单,再由主任审查后确定。日常零星调配或个别的照顾安排,一般由内勤或外勤从掌握的闲散劳动力中选择对象,通过居民区报名调配。同时,建立了一套必要的工作制度,如调配和退工记录制度、定期清理核对制度和内外勤联系制度等。从而做到大家负责,明确分工,密切配合,把闲散劳动力的安置管理工作作为街道的一项经常性的重要任务。登记卡片基本上管"活"了,闲散劳动力的情况初步掌握起来了,这也是取得上述成绩的一个重要原因。

我们在闲散劳动力安置管理工作中,虽然取得了一些成绩,但当前存在的缺点和问题也是不少的:

1.在闲散劳动力安置管理工作中,群众路线贯彻得不够,现在各项主要工作还是由街道办事处包办,居民干部的作用没有很好地发挥,加上街道办事处还没有专职干部管理此项工作,有时突击任务一来就往往会把这方面的工作挤掉。因此对闲散劳动力的动态没有完全掌握起来,该登记的未登记,该注销的未注销等错漏情况尚有存在。

2.对闲散劳动力组织教育工作做得不够,群众对劳动就业的政策方针和调配手续不是很了解,有的给他安排工作时挑精拣肥,有的退工以后不向办事处报到,特别是来信来访上门要求工作的比较多。据最近几个月的统计,平均每天有二三十人,情绪比较急躁,个别的甚至吵吵闹闹。总的来看,闲散劳动力安置管理工作中的被动局面尚未完全扭转。

3.目前,本街道尚有闲散劳动力1286人,总的情况是女的多,占57.7%;政治历史复杂的多,占60.9%;有专业技能的少,占17.3%;能做体力壮工的少,占29.3%。安置出路少,闲散劳动力多,特别是安置出路与闲散劳动力本身的就业条件不相适应的矛盾,显得很突出。今后我们管理闲散劳动力的任务,还是十分艰巨的。

此外,内外勤的联系需要加强,管理制度、各种登记统计表册等还不尽合理。所有这些缺点和问题,都是有待今后进一步研究改进的。

湖滨街道办事处

1964 年 5 月 15 日

【由杭州市上城区档案馆提供】

中共天津市委转发《一九六四年
计划生育工作要点》

〔1964〕委字 72 号　　委文字 23 号

市委各部、委,各区委、学委,市人委各委(办)、局,各区人委:

现将市计划生育委员会提出的《一九六四年计划生育工作要点》转发给你们,希结合具体贯彻执行。

1963 年,我市计划生育工作取得了一定成绩,但是,从目前情况看,工作还不够深入,不够扎实,绝大多数基层单位还没有做到经常化,特别是今年 1 月份的出生数还很高,距离控制人口增长的要求相差甚远。因此,各级党委必须进一步加强领导,一定要做到工作经常化,力争把今年的出生率降低到预期设想的水平。

经验证明,搞好计划生育工作是一项移风易俗的艰巨任务,必须动员全党力量,结合各种政治运动和中心工作,经常地、深入地、细致地进行思想教育工作,才能取得突破。因此,各级党、政领导在进行以"五反""四清"为中心的社会主义教育运动和开展以比、学、赶、帮为中心的增产节约运动的同时,必须把计划生育工作抓好,大张旗鼓地进行宣传,做到家喻户晓,在群众觉悟提高的基础上,结合制订生产规划,同时制订节制生育计划,并使计划生育工作做到经常化。

各区委、党委和各部门对计划生育工作的进展情况、问题和经验应及时上报。

一九六四年计划生育工作要点

市计划生育委员会

(一)

去年我市计划生育工作,在省、市委及省、市人委的领导下,经过各区委、党委和广大基层单位的积极努力,得到广泛开展,群众的思想认识有了很大提高,计划生育的号召开始深入人心,社会风气也逐渐有所转变。目前自觉实行晚婚的青年显著增多,坚持避孕的人数迅速上升,施行节育手术的人数也明显上升。去年全市出生人数虽未见降低,但是出生规律已初见变化,第四季度已不再是出生的高峰,一年的努力已经取得一定的收获。

但是,今年的任务还十分艰巨,按市委提出将出生率降低到 25‰ 的设想,全年出生人数需要从 1963 年的 171562 人降低到 10 万人,1 月份预期出生 1 万人,但实际出生 13248 人,较预期数超出 30％,按此估计,全年出生率约在 33‰。目前能够进行工作,以降低今年出生率的期限只有 2 个月,时间十分紧迫,如不抓狠、抓紧,设想尚难实现。

全市计划生育工作还不够扎实。主要问题是:在组织领导上,"全党动手,抓好计划生育工作"的指示没有贯彻,多数单位不能保持经常;在节育技术上,技术指导落后于群众的需要,技术质量还有待大力提高,研究工作需切实加强;在宣传工作上,专业力量没有充分发挥,文化阵地的计划生育宣传做不到持续、经常,科学普及工作也不能满足群众需要。为了使计划生育工作进一步深入,出生率降到预期设想,上述问题都需要加以解决。

(二)

根据省委十二年规划和市委四年设想的要求,1964 的奋斗目标为:市区出生率下降到 25‰ 左右,郊区出生率下降到 38‰ 左右,全市出生率下降到 28‰ 左右。1965 年的奋斗目标为:市区出生率下降到 20‰,郊区出生率下降到 25‰,全市出生率下降到 20‰ 左右。

实现上述设想的基本做法是:政治挂帅,技术保证,移风易俗,自觉自愿,总结经验,扎实前进。因此,必须细致地、深入地进行思想工作,提高群众觉悟,务使思想教育深入人心,家喻户晓,把计划生育工作的基础放在群众的社会主义觉悟上;必须改进节育技术,提高手术质量,加强科学研究,技术工作一定要发挥保证作用;必须在提高群众觉悟的基础上,提倡适当晚婚,提倡节制生育,要积极提倡,但必须贯彻自觉自愿的原则。主要有以下几项措施。

(三)

1.切实贯彻省、市委的指示,对计划生育工作加强领导,动员全党力量,抓好这项工作。各级党政领导机构要把计划生育工作提上议事日程；领导上要有人分工掌管；日常具体工作要有一个部门或一个干部负责；每年对计划生育工作至少要抓四次，认真检查，系统研究，先做到计划生育工作经常化，逐步实现生育计划化。工业和财贸两个系统尤其要重视这一工作。

各区委、党委，各系统，各街，各单位对本地区、本单位的计划生育工作都要做到三有：一有奋斗目标，二有措施办法，三有督促检查。

与全市计划生育工作有密切关系的部门，除了做好本系统的计划生育工作外，还应分工负责，有所侧重。如共青团要抓好全市青年的晚婚和计划生育工作；妇联要抓好全市街道和郊区妇女的计划生育工作；工会要抓好工厂、企业职工和家属的计划生育工作；市委宣传部、文化局、科协要抓好全市有关计划生育的宣传工作和科学普及工作；卫生局要抓好计划生育的技术工作；经委、财委要抓好药物器械的生产供应工作；民政局要抓好婚姻登记工作。

要结合社会主义教育运动，把计划生育工作再提高一步，根据省委指示精神，在郊区每搞一批社、队的"四清"工作，同时要把计划生育工作抓好，要求在适当时机，如在制定生产规划的同时，制定节制生育规划，并要大搞宣传，造成声势，做到家喻户晓。对计划生育工作一定要做到经常化。在市区，计划生育工作一定要领先一步，要结合"五反"、增产节约运动，发动群众，把个人的生育计划落实，使这一工作进一步深入下去。

2.把计划生育的群众运动搞细，搞扎实。工作要落实到最基层。在工厂要落实到生产小组，在街道要落实到居民委员会，在农村要落实到生产队，在机关要落实到科室，在学校要落实到班。落实的中心内容是思想工作。落实的标志：一是最基层单位一定要有一个领导同志或具有群众威信的骨干真正抓起这项工作；二是要有一定数量的积极分子进行经常活动；三是一定能保持每月2小时的群众活动。

认真贯彻省委在"关于提倡计划生育给全省党员的一封信"中对党员提出的五项要求：一是利用一切机会开展宣传；二是未婚党员要带头实行晚婚；三是已婚党员要带头做到计划生育；四是帮助群众实现计划生育；五是要把计划生育列为支部的一项经常的重要任务，坚持抓下去，以收到实效。

对积极分子的活动切实加强领导，要做到三认真：一是认真布置、检查；二是认真训练、提高；三是认真帮助解决困难问题。

对"五一""十一""青年""春节"以及"三八"的突击活动要抓得轰轰烈烈、扎扎实实，一般要做到：一是向全体职工做一次认真的报告；二是检查计划生育工作，检查个人计划；三是抽一些文苑宣传、形象宣传；四是集中售卖一批避孕工具。

深入抓好经常性的思想教育工作，坚持按政策办事，不能简单生硬，无论是提倡晚婚或节育手术，都要着重解决思想问题；同时要尊重群众的合理意见，实事求是。如晚婚只能是提倡适当晚婚，不能提倡越晚越好，而且对年龄过大的未婚青年，要关怀其结婚问题。对多子女的孕妇、产妇，不论其是否接受计划生育宣传，都要加以照顾，不能有任何歧视，对妇幼健康保护要予以重视，儿童医疗机构要提高医疗质量，保托机构要提高服务质量，保护儿童健康，力求做到孩子生得少，养得好。

3.把宣传工作切实组织好。各级宣传部门应在市委宣传部的统一领导下，把计划生育的思想工作抓起来。省委指示：必须动员全党力量，经常结合政治运动和中心工作进行深入的思想教育，逐步实现生育计划化。另外，根据省、市委指示，起草一个宣传提纲，供各单位负责干部出面讲，做到像省委要求的那样，慎重其事，严肃认真，把问题讲深讲透，保证质量。

文化系统要把计划生育的宣传纳入计划，作为一项长期的重要任务来抓，出版机构应出版一些计划生育的出版物；文艺团体要上演一定数量、一定水平的计划生育节目；群众艺术馆对群众自编自演的文艺节目，要及时加以整理，汇编专集；文化宫、青少年宫、艺术馆、文化馆、工厂和农村俱乐部及各文艺、宣传阵地要继续大力贯彻市委指示，把计划生育宣传工作搞好，并列为一项经常任务；晚报、电台、红十字报、科学园地、农村科普要继续结合各自特点，进行计划生育的宣传教育工作。

抓好展览会和计划生育科学讲座，根据省委指示及全国科协的要求，在现有几个展览会的基础上，搞出一套挂图展览，做各地区、各系统以及车间、里巷或农村的巡回展出，这一工作由计划生育办公室、科协、卫生局、文化局、中华医学会及各有关部门抽人组成小组，计划在两个月内抽出样板来。对科学讲座，建议科协组织一套系统的计划生育科学讲座录音，供各单位借放。

成立卫生宣传教育所（由卫生局集中现有的专职编制成立），担负起计划生育和卫生方面的普及宣传工作。

4.加强节育技术工作。各级卫生部门，要把计划生育列为中心任务之一，认真加强领导，贯彻党的指示，教育医务人员加强责任心，改进服务态度，实行便民措施，提高手术质量，并要主动与区、街、单位联系，积极协助他们开展好计划生育工作。

重视技术干部培训,扩大技术队伍。对技术力量的培训,要做出计划,进行安排。积极扩大技术队伍,适应客观需要,对技术人员的培训要做到有男有女,以适应群众习惯,便利手术的开展。

狠抓技术质量,对节育手术必须要求"安全第一,质量第一",千方百计消灭事故,要组织医务人员进一步改进手术方法,提高手术质量。为了便利群众,简化手续,医疗机构不必要求申请手术者交验户口册、证明信等。

积极发动专家,发动医务人员开展科学研究。对某些人"节育技术到顶"、忽视中医中药和研究节育技术"没有条件"的思想,要加以克服。认真发动专家,发动医务人员动脑子、想办法,改进旧办法、摸索新方法,力求在不太长的时间内,能做出一定贡献。

5. 做好药品器械的供应工作。计划生育工作开展迅速,避孕药械销量亦应迅速增加。商业部门要大力组织货源,做好这项供应。原由经委、财委、卫生、二商等部门组成的药械生产小组要迅速恢复活动,要抓紧安排生产和改进质量问题。

【选自《天津政报》1964 年第 10 期】

天津市河西区关于新华里居民委员会
二部制校外教育情况的调查报告①

　　做好少年儿童的校外教育工作,让他们身心健康地成长起来,成为爱祖国、爱人民、爱劳动、爱科学、爱护公共财物和诚实、勇敢、活泼、团结的新一代,是家庭、学校和社会各方面长期的、重要的责任。河西区新华里居民委员会经过街办事处的积极指导,在动员群众、依靠骨干开展校外教育工作方面,积累了一些经验,并且收到了较好的效果。现将他们的经验在本报发表,供有关单位研究参考。

　　为了进一步搞好二部制的校外教育工作,使青少年儿童健康地成长,我们在三义庄街新华里居民委员会做了一次调查,通过调查了解,我们认为这个委员会二部制的校外教育工作做得较好。

　　这个委员会有 83 名二部制的小学生,由于他们大部分时间是在校外活动,有些学生经常在街头嬉戏,打弹弓、拍毛片、弹球……做一些无益的游戏,有的因贪玩荒废了学业,成了留级生。甚至有的受坏分子的影响,沾染了流氓习气,打架斗殴,影响了社会治安和邻里团结。为了改变这种情况,教育好青少年一代,培养出更多更好的红色接班人,居民委员会根据区的指示精神,在居民中广泛深入地开展了关心青少年儿童教育的重要意义的宣传,引起了广大居民的重视;同时,确定由文教委员专做二部制学生校外教育工作,还聘请了一批校外辅导员,组成了一支辅导队伍,并建立了一套比较完整的校外教育辅导网,从进行初步的阶级教育入手,配合学校进行了一系列的校外教育工作。

　　经过一年的努力,效果较为显著,学生的思想觉悟提高了,学习的自觉性、主动性加强了,教育的成果巩固了。83 名小学生中,1963 年期末考试各科成绩总平均分在 80 至 100 分的有 58 人,约占学生总数的 70%;没有不及格的学

---

　　① 原文标题为《关于新华里居民委员会二部制校外教育情况的调查报告》。

生。从今年平时测验成绩分析,今年期末考试会获得更好的成绩。同时,还涌现出一批"全优"小组和"五好"学生。学生们热爱祖国、热爱党、热爱毛主席、热爱学习、热爱集体、热爱劳动,待人有礼貌等良好品德进一步发扬了,因而受到了学校、社会和家长的赞扬。人民公园小学副教导主任孟昭娴和二年级班主任说:"街道辅导员对孩子们的学习抓得很紧很细,学生的作业完成得很及时很好,过去一些不爱做作业的学生,现在也改变得很好。"有些学生家长在春节时亲自到辅导员家中去致谢。很多居民说:"这块的孩子比以前文明了,打架、骂街、惹祸的少了,街道把孩子们在家的半天组织起来进行教育和开展有意义的活动,真是好事。"

新华里居民委员会开展二部制校外教育工作是怎样做的呢?

一、广泛开展宣传,教育群众重视校外教育工作

这个委员会为了动员广大居民重视每学年儿童的教育工作,用共产主义思想来教育青少年一代,1963年"六一"国际儿童节前后,在委员会范围内深入开展了"关心和教育青少年的重大意义"的宣传工作,使广大居民认识到对青少年儿童教育的好坏,不仅关系到孩子们的前途,更重要的是关系着我们革命的前途。他们是国家的未来,建设社会主义、共产主义的事业,不能只靠我们这一代的努力,还要靠青少年一代从老一辈人的手中接过革命的红旗,取得彻底胜利,实现革命的伟大理想。通过宣传,绝大多数人都开始重视这项工作,有些居民检查了自己过去认为"教育孩子是学校的事,家长供吃、供穿、给钱买文具就算尽到责任了"的错误看法;也有的家长检查了不支持、不关心校外教育工作,嫌孩子们淘气,不愿在自己家里设立学习小组的思想等等。许多居民找到居民组织和学校,争着要把学习小组设在自己的家里,并且为孩子们安排好学习环境,有条件的还给孩子们买红色的书刊,讲革命的故事,检查作业完成的情况与质量,帮助其解决做作业当中碰到的一些困难问题,预习功课。特别是有些退职、退休和在家养病的职工、干部,也积极地参与了这项工作,给孩子们讲革命道理,帮助小组建立学习制度等。这个委员会的居民已初步形成了关心青少年校外教育的良好风气。

二、做好组织工作,建立较完整的校外辅导网

在这个委员会的范围内,原有各小学组织的24个学习小组,由学校聘请的21个家庭辅导员担负着辅导工作。居民委员会为了进一步抓好校外教育

工作,组织家庭辅导员学习,本着居住邻近、便于联系的原则,把辅导员组成了4个辅导网,选择了4名政治热情高、较有辅导经验的职工家属担任组长,负责组织家庭辅导员的学习,交流经验,研究改进辅导方法等;由居民委员会的文教委员专门负责领导这项工作的开展,并选择了6名政治思想好、热心教育工作的社会知识青年做委员会的二部制校外辅导员。这6名校外辅导员按网、按学校分工对口,在业务上受学校的指导,同时按照居民委员会和学校的要求,下组进行视导。向家庭辅导员传达委员会和学校的要求,进行业务指导,总结与推广先进经验;帮助小组建立与健全小组学习制度,抓出勤,抓小组学习秩序,抓作业完成的情况与质量,帮助学生解决作业当中的疑难问题,给功课较差的同学补课;在完成作业后的时间内,给学生们讲革命故事,教唱革命歌曲,领导学生们开展文体活动;重点帮助个别缺点较明显的学生;等等。他们在辅导中担负着最繁重的任务。街办事处为了增强这些辅导员的责任感,给辅导员发了聘书,并进行了较系统的政治和业务训练,组织辅导员、家长进行座谈,交流经验,从而提高他们教育孩子的能力。居民委员会与学校订立了联系制度。学校把教学计划、复习提纲等都发给委员会;学生在校内的情况,由教师向辅导员介绍;学生在校外小组、家庭的情况,由辅导员向教师介绍。这样就保证了学校与居民委员会、教员与辅导员、辅导员与家长之间能更好地联系配合,及时了解孩子在校内外的情况,形成了纵横交错的辅导网,把学校、社会、家庭三个方面紧密地结合了起来,主动地、有意识地、随时随地对孩子们进行教育,有力地加强了二部制学生的校外教育工作。

三、进行初步的阶级教育,是做好辅导工作的基础

这个委员会在对二部制学生进行校外教育工作方面,首先从抓阶级教育入手,使孩子们初步树立革命思想。通过给孩子们讲革命故事,教唱革命歌曲,组织他们读革命书刊等,反复地进行阶级教育、革命教育。阶级的压迫、帝国主义的屠杀与奴役、革命先烈在对敌斗争中的英雄形象,在他们幼小的心灵里,留下了不可磨灭的印象,启发了他们的思想觉悟,激励了他们的学习热情,有力地促进了孩子们品行的成长。孩子们为了向英雄人物学习,还开展了大办好事的活动。据统计,5个小组的17名学生从4月27日至5月7日这10天共办了23件好事。也有许多孩子办了好事,没有写在办好事的记录本上,他们说:"要向雷锋叔叔学习,做一个无名英雄。"有些学生在参加一些力所能及的劳动,以及帮助同学解决困难等方面,很自觉、很主动。如李龙根小

组马长振同学得了骨病，两个多月未能到校上课，在辅导员的教导下，同学们就到他家给他补课，和他一起玩，虽较长时间没能到校上课，但他并没落下功课，最后考试成绩很好，家长、学校对此十分满意。此外，委员会还有计划地聘请一些老干部、退役军官、老工人、民警、医生做教员，不定期地给孩子讲课，进行较系统的阶级教育、卫生教育和安全教育。

通过阶级教育、革命传统教育，孩子们对祖国、对党、对毛主席、对劳动人民、对现在的幸福生活更加热爱，对帝国主义、反动派、剥削阶级更加憎恨。许多孩子表示一定要继承革命先烈的遗志，做个优秀的革命接班人。爱学习、爱劳动、守秩序、团结友爱、艰苦朴素的良好风气正在形成。

四、热情关怀，耐心教育，培养孩子自觉学习的习惯

在孩子们品德提高的基础上，在学校、社会、家庭紧密的配合教育下，孩子们逐步认识到学生的任务主要是努力学习，于是普遍地建立了考勤册、学习园地，订立了学习公约，有的小组还开展了争当"五好"学生的活动等。家庭辅导员为了使孩子们学习好，给他们准备桌椅，准备开水，准备玩具、革命书刊等，使学生有较好的学习环境。辅导员除了抓阶级教育以外，还狠抓孩子们的作业完成情况和质量，帮助孩子们学好基础课程。如已经做了 5 年家庭辅导员的赵凤鸣老太太，受过师范教育，懂得教育孩子的重要性，在实际工作中下了许多苦功夫。每天认真检查孩子的作业，发现错误耐心讲解，直到他们弄懂，纠正过来；孩子们的作业几乎都是 100 分，考试成绩平均 99 分。她懂得孩子的心理，严格要求，因人施教。如女孩刘文娟心眼小、脸皮薄，她就多鼓励，适当地进行批评；男孩李果太很顽皮，就针对他的缺点，严肃耐心地教育，纠正他的缺点。她对孩子的关怀也是无微不至，安排了很好的学习环境，夏天准备凉开水，冬天把屋子弄得很暖和，为学生热早点；为鼓励孩子好好学习，还买了许多革命书刊、宣传画，给孩子讲革命故事。因此，孩子都很喜欢她、尊敬她。有的家庭辅导员虽然认字不多，但对作业同样抓得很紧，如孙慧敏在辅导工作中，依靠学生组长和她一起检查作业，对好的进行表扬，差的进行帮助。同时她很重视学生的出勤情况，有的双职工子女早晨不能按时到学校或到小组学习，她就到双职工家里催学生起床，由于她的努力，全组学生学习成绩很好，双职工非常感激。知识青年辅导员除了查组外，还对成绩较差的学生进行重点辅导。如对侯元勇等 10 名过去学习和纪律都较差的小学生，学校和家长相互配合，进行了重点帮助，其中有 2 名已成为优秀生并加入了少先队，6 名有了

较大的转变。如张铁栋以前学习不用心,不守纪律,生活散漫。家庭辅导员李淑珍,青年辅导员崔莲荣、林爱秋和三义庄小学教师谢承祥同他的家长共同配合,反复进行正面教育,对他每一个微小的进步,都及时给予表扬。为了紧密配合,加强对他的教育,辅导员曾 5 次给学校写了张铁栋在小组学习的情况介绍,教师谢承祥辅导员写了 4 次张铁栋在学校的学习情况介绍。几方面有针对性的有效教育,提高了他的学习兴趣,他的上进心越来越强,学习成绩和思想都有很大的进步,终于被批准参加少先队。教师、辅导员看到了教育的成果,工作热情也越来越高。

现在这些学生在辅导员和教师的教育和影响下,主动地、自觉地认真读书,认真做作业,已形成了良好的习惯,学习成绩有显著提高。

五、根据少年儿童的兴趣爱好,积极组织开展小型多样的文体活动

孩子们在辅导员的帮助下,能聚精会神地做作业,作业质量也好了,相应地缩短了做作业的时间,开展文体活动的时间就增加了,实现了"高质量、轻负担"的要求。为了引导孩子参加正当的游戏,培养儿童机智、勇敢的性格,增强体质,积极创造各种必要的条件,组织开展文体活动,文体活动的形式以小型分散为主,大小结合,多种多样。一般是做 30 分钟的作业,就进行一次小组活动,如跳房子、跳猴皮筋、踢毽子、下棋、打扑克、听广播等。做完作业之后,在辅导员的辅导下,还有联组活动,如小合唱、舞蹈、诗歌朗诵、羽毛球等,并适应孩子的兴趣,不断变换游戏的项目。为了进一步满足孩子的文娱生活要求,这个委员会还建立了活动站,负责研究和指导小组或联组的活动,组织小组、联组开展表演赛,组织阅读革命书刊,放映幻灯,并指导或组织学生参加一些刷墙壁、帮助烈军属打扫卫生等力所能及的劳动。

这个委员会的少年儿童在集体活动中,共排演了 20 多个有教育意义的文体活动小节目。主要内容有歌颂少年儿童英雄、歌颂革命先烈、歌颂今天的幸福生活、揭露黑暗的旧社会等,孩子们自演、自唱、自欣赏,在多种多样的文体活动中,受到了生动形象的阶级教育和革命教育。

总之,这个委员会的二部制校外教育工作,在学校、社会、家长紧密的配合下,使学生的德育、智育、体育都有了较快的提高,基本上起到了校外之校的作用,从而受到了学校、家长和社会的赞扬。但也存在着一些问题,如对辅导员的思想政治教育和业务教育做得还不够;有的小组工作做得较差,需要很快地赶上去;有的学校对校外教育的重要意义认识不足,还不能很好地与社会、家

长配合;等等。对这些问题,委员会正在着手解决。

河西区人民委员会

【选自《天津政报》1964 年第 14 期】

杭州市民政局关于居民委员会工作细则
草案的贯彻情况请予批示的报告①

民黄〔1964〕字第 0916 号

杭州市人民委员会:

　　为了加强城市居民工作,本局经过一些调查,在去年起草了《杭州市城市居民委员会工作细则(草案)》,报请审核,顾副市长批示,先在一两个居民委员会试行,再全面贯彻,我们根据市领导指示,会同下城区人委民政科于今年3—6月结合居民区摆好评比在该区白莲花寺居民区进行试点。经过了3个月的实践,街道干部和居民委员会干部普遍认为这一个居民委员会工作细则是符合实际情况的,是必要的,他们认为,居民工作有了这个细则,工作方向更明确了,工作任务也更清楚了,许多问题能够有所遵循。现在我们再将居民委员会工作细则做了若干修改,经征求区人委领导和街道党委的意见后,连同贯彻居民委员会工作细则的报告一并报请审阅,如无不当,请作试行草案批转各区、街道办事处研究试行。

　　附件:如文

杭州市民政局
1964 年 6 月 24 日

杭州市城市居民委员会工作细则(草案)

　　为了加强城市居民工作,进一步提高居民的觉悟程度和组织程度,调动一切积极因素,为工农业生产服务,推动城市的社会主义建设,特根据《城市居民委员会组织条例》和我市居民工作的实际经验,制定本细则。

一、总则

(一)居民委员会是在区人民委员会的派出机构街道办事处指导下的群众

---

① 原文标题为《关于居民委员会工作细则草案的贯彻情况请予批示的报告》。

自治性的居民组织。它是居民政治生活的基层组织,是党和政府联系群众的桥梁,是政府完成有关居民行政工作的助手。

(二)居民委员会的组织对象,是有常住户口的街道居民,工厂、企业、机关、学校等单位一般不参加居民委员会,但应遵守居民委员会有关居民公共利益的决议和公约。

(三)居民区是城市各阶级、各阶层人们聚居的生活场所,是社会主义生产建设的后方,也是社会主义思想建设的一个重要阵地。居民委员会必须在党和政府的领导下,高举总路线、大跃进、人民公社三面红旗,加强对居民的政治思想教育,使绝大多数居民成为热爱祖国,热爱共产党,热爱社会主义,热爱劳动,遵守国家法律、法令,具有共产主义道德品质的好公民。认真地把现有的居民区改造、建设成为团结互助、勤俭朴素、整洁愉快、相信科学、秩序井然,发扬社会主义道德风尚的新居民区。

(四)居民委员会在工作中必须坚持坚决贯彻阶级路线,认真依靠工人阶级和有觉悟的劳动人民,依靠各种组织力量的配合。通过政治纯洁、觉悟较高、工作积极、作风正派的退休工人和职工家属,团结居民区各阶层人民,共同做好居民区的各项工作,保证居民工作沿着社会主义的方向前进。

二、居民委员会的组织设置

(一)居民委员会应从便利群众、便利工作的原则出发,根据居民的居住情况、地形条件和生活习惯设立。居民委员会的规模,一般以不超过 500 户为宜。职工家属集居的地区和较大的集体宿舍,可以单独设立居民委员会,并由居民委员会兼管职工家属委员会的工作。

(二)居民委员会由民主选举产生,每届任期一年,连选可连任,居民委员会因故不能担任职务的时候,应该及时改选或补选。

居民委员会委员一般设 7 至 15 人,由居民小组各选委员 1 人组成,并且由委员互推主任 1 人、副主任 2 人;其中由主任或 1 个副主任管政治思想和学习,由 1 个副主任管妇女工作。

(三)居民委员会按照工作需要,一般设社会福利、治安保卫、文教卫生、调解等工作委员会。居民委员会的主任不兼其他职务,其他委员最多兼二职,以免工作负担过重。

(四)居民委员会下一般设居民小组 7 至 15 个,每个小组一般以 30 至 50 户为宜。居民小组设组长 1 人,一般的应当由居民委员兼任,在必要的时候可选举副组长 1 至 3 人。当居民委员被推为主任或副主任的时候,选举他的小组可以另选组长 1 人。

三、居民委员会的任务

(一)宣传贯彻党和政府的政策法令,加强对居民的国内外形势和任务教育,以及社会主义、集体主义、爱国主义和国际主义教育,提高社会主义觉悟,巩固居民群众中的社会主义思想,动员居民积极响应党和政府的号召,完成各项中心任务。

(二)密切联系居民,及时地向政府反映居民的意见和要求。

(三)树立"拥军优属、人人有责"的社会风尚,教育烈军属、残废军人保持荣誉,教育军人家属,积极鼓励在部队的亲人安心服役保卫祖国。对于生产生活有困难的烈军属要协助有关部门优先安排生产,或反映政府给予补助,发动居民自觉地帮助年老病弱没有亲属照顾的烈军属料理一些家务。

(四)宣传贯彻勤俭建国、勤俭持家的方针,教育居民厉行节约、精打细算,教好孩子,管好家务,有计划地安排生活;关心群众疾苦,办理有关居民的公共福利事项,根据生产、生活的需要和可能,组织居民参加各种加工服务性的生产劳动。配合有关部门动员闲散劳动力参加农业生产;协助政府做好救济工作,照顾无依靠的孤、老、残、瘸居民的日常生活。

(五)开展爱国卫生运动,宣传卫生常识,发动居民除四害、讲卫生,预防疾病、报告疫情,保持街道室内外整洁,养成爱清洁、讲卫生的习惯。宣传计划生育和提倡晚婚。

(六)领导群众性的治安保卫工作,教育居民提高革命警惕性,做好防火、防盗、防特、防自然灾害,协助政府监督改造地、富、反、坏分子,检举违法行为,必要时,在河道、码头和主要街道,还可以组织居民设立监督岗,负责监督安全、卫生工作,以维持社会秩序,确保居民安全。

(七)教育居民爱护公物,保护道路、桥梁、路灯、水管、文物古迹、园林花木等公共建筑不受损害。教育居民爱护公房,督促居民修缮私有危险房屋。

(八)组织居民开展正当的文娱体育活动,加强对青少年的共产主义道德品质教育和革命传统教育。宣传科学知识,破除迷信,破除陈规陋俗,提倡新事新办。

(九)教育居民讲礼貌、守纪律,宣传法制,调解纠纷,促进家庭和睦,加强邻里团结。

（十）协助有关部门做好有关居民工作。

四、居民干部

（一）居民委员会、工作委员会和居民小组的干部，应以有觉悟的劳动人民为主体，适当吸收其他阶层的代表性人物参加。居民干部的主要条件是：(1)拥护共产党，坚持走社会主义道路；(2)历史清楚，作风正派；(3)群众拥护，热心为居民服务。

（二）居民干部要做到：(1)积极响应党和政府的号召，模范地遵守国家的政策法令；(2)立场坚定，坚持原则；(3)勤勤恳恳、老老实实地为居民办事；(4)办事公道，不营私舞弊；(5)有事同大家商量，发扬民主作风；(6)实事求是，如实反映情况；(7)坚持团结，克己让人；(8)努力学习，不断提高政治觉悟。

五、居民委员会的工作方法和工作作风

（一）居民委员会应根据"大家事大家办"的原则，集体研究，分工负责，充分发挥全体居民干部的积极性。凡是工作中的重大问题，应在街道办事处的指导下，经居民委员会集体讨论决定，然后按照业务分工和分片包干相结合的方法进行工作。并且要加强相互之间的协作配合。

（二）居民委员会必须认真贯彻执行群众路线的工作方法，树立坚强的群众观点，相信群众，依靠群众，有事同群众商量，充分发挥广大居民的作用共同做好各项工作。一切工作要从实际出发，实事求是，做到件件情况明，事事有根据。对于共同性、经常性的工作，应经过居民充分讨论，订立公约或规定，自觉遵守。

（三）居民委员会要建立必要的工作和学习制度：(1)居民委员会议和工作委员会议，一般一个月召开一次，讨论和检查工作；(2)居民委员会每季进行一次总结评比，向全体居民报告工作，听取意见，以改进工作；(3)对安全、卫生工作要建立检查制度，对烈军属、救济户、困难户要建立访问制度。

（四）居民委员会对各项居民工作要统一安排，并同妇女代表会议、共青团支部经常交流情况，密切配合，互相支持，共同做好居民工作。

六、居民委员会的领导

（一）区人民委员会必须通过街道办事处加强对居民委员会的领导。街道办事处应根据区人民委员会的统一布置，加强对居民委员会的工作指导，要经

常深入居民区,了解工作情况,帮助居民委员会安排工作,解决问题,定期检查评比,组织经验交流。对于应该自己办理的行政业务,不要交给居民委员会承办。

(二)在区人民委员会的领导下,民政部门和街道办事处要有计划地培养和训练居民干部,经常对他们进行形势、任务、政策法令、工作方法的教育,帮助他们提高政治思想水平和工作能力,端正工作作风,要经常关心居民干部的生活,注意劳逸结合,保证他们有足够的时间料理家务和休息。居民委员会的设立、合并、撤销,要经区人民委员会批准,报市民政局备查。

(三)市、区人民委员会所属工作部门,当必须向居民委员会布置工作时,应当经区人民委员会或街道办事处同意统一布置。凡不在居民委员会任务以内的工作,要请居民委员会协助时,必须事先分别报告市、区人民委员会批准,以防止多头交代任务,造成居民工作的忙乱。市、区人民委员会的工作部门,可以对居民委员会的有关工作委员会进行业务指导,居民委员会的有关工作委员会亦必须认真地向它们汇报工作情况。

七、居民委员会的经费开支

(一)居民干部均为义务职。如果居民委员生活有困难,可给予补助。

(二)居民委员会的公杂经费和居民委员的生活补助费,由财政部门统一发放。

(三)居民委员会办理居民公共福利事项所需的费用,经区人民委员会批准,可以按照自愿的原则向有关居民进行筹款和募捐,除此以外不得向居民进行任何筹款和募捐。居民委员会办理公共福利事业的款项,非经有关居民同意,不得改作他用。

筹募的款项和开支账目,在事情办理完毕后,应当及时公布。

1964 年 6 月 24 日

【由杭州市档案馆提供】

杭州市民政局关于行政区划和
基层政权组织建设工作的报告①

民黄〔1964〕字第 1168 号

杭州市人民委员会：

（一）

行政区划和基层政权组织建设工作,在 1958 年以前是本局的一项经常业务之一。如参加历届选举事务工作的筹备,协助市人民委员会建立街道办事处,督促指导各区整顿改选居民区,参与调整市辖区的设置和调整行政区划,参加乡政权组织建设方面的调查研究等等。自 1958 年以后,原来承办这一工作的民政科并入优抚科。1962 年末,我们又遵照领导的指示,恢复了民政科的建制。一年多来,对街道居民工作、公社的政府工作、行政区划等都做了一些初步的调查,向市领导做了一些汇报。当前,我们感到还存在以下几个主要问题。

1.街道居民工作曾一度出现任务繁多、工作忙乱、组织残缺不全等问题,经过整顿,已逐步趋向正常。但是对街道居民区的组织怎样适应形势,以利加强工作,逐步使居民区成为社会主义新型的居民区,还需要做细致的调查研究。

2.本市行政区划,几年来有很大的变化,而我们没有及时掌握情况变化,去年,我局整理了全部档案,在行政区划方面,没有一套完整的资料,现在要系统地了解整理起来已不容易,如果再过几年那就更困难了。

3.1958 年以后,本市出现了一些新工业区,同时最近省人委批准市郊 2 个镇,7 个县 21 个镇,对工业区和小城镇的调查研究工作,我们也还未进行,这次中央指示缩小郊区,调整小城镇的工作,我们由于掌握的历史资料少,人手又少,深感工作难以开展。

4.职责范围不大明确。

---

① 原文标题为《关于行政区划和基层政权组织建设工作的报告》。

(二)

关于基层政权的组织建设工作,1955年陈毅副总理在第三次全国民政会议报告中指示:"民政部门以政权建设为重点不以优抚救济工作为重点是轻重倒置的。"在批判大包大揽政权建设的错误以后又指出:"关于政权建设工作中的部分具体工作,今后民政部门仍然要在政府领导下负责掌管,不能放弃不管,但管的范围要限制在了解情况,研究基层政权建设问题,提出建议,办理选举事务的筹备工作。"内务部在第三次全国民政会议后的工作计划中(经国务院全体会议批准),在地方政权建设工作方面,提出了几项具体任务:(1)各省、自治区、直辖市和较大的市的民政部门,应当参加关于设立和加强工矿地区、小城镇和水上的政权以及调整市辖区的设置和调整行政区划的调查研究工作。(2)在没有建立街道办事处和居民委员会的市,民政部门应有计划地协助政府将街道办事处和居民委员会建立起来;已经建立的,应当根据需要加以整顿。(3)参加有关乡政权组织建设方面的调查研究工作。(4)少数民族地区民政部门(略)。(5)在进行选举的时候,各级民政部门应参加选举事务的筹备工作。1964年,内务部在工作计划第二项"要努力做好经常工作"的第五点提到:"配合有关部门对林区、矿区及国营农场等地区的政权设置问题进行调查研究。调查研究城市街道居民组织问题。研究各地在调整市镇建制工作中提出的问题,提出处理意见,并代国务院审核各地调整市镇建制的报告。"我们为了探索这一工作,在今年上半年曾先后发函上海、北京、南京、武汉、西安、太原、济南、南昌、广州、重庆等市的民政局吸取经验,从他们的复函来看,大致可归纳为四种情况:

1.街道居民工作由市人委办公厅设专门办公机构直接管理,民政局不管这项业务的有北京、上海等市。

2.街道居民工作,市委设工作部门领导,民政局负责组织建设方面工作的有广州、武汉两市。

3.街道居民工作,包括对居民委员会的整顿改选、对居民干部的培养教育、对居民委员会有关规章制度的制订以及开展居民先进工作者的评比等各项工作,由民政局主办的有重庆、西安、南昌等市。

4.根据市人委的指示,民政局承办一些具体工作的有南京、济南等市。

（三）

根据中央指示参照各地经验,结合本市的具体情况,我们提出如下意见:

1.关于街道居民工作。街道居民区是人们聚居的生活场所,是社会主义建设的后方,是社会主义思想建设的重要阵地之一,也是城市管理的一个重要方面,特别是加强社会主义思想教育,开展移风易俗的斗争,问题比较复杂。为了加强集中、统一、全面的领导,建议参考北京、上海两市的办法,市和区都由人委办公室设一个专管机构,全面负责这方面的工作。如果市人委办公室不设专职机构集中统一管理这一项工作,拟由我局在市人委的领导下,承办下列具体业务:

（1）调查研究街道居民区组织设置和规章制度等问题,提出意见,督促指导各区遵照规定整顿改选居民委员会,总结交流经验,反映街道居民工作中存在的问题,提出改进建议。

（2）配合财政部门检查居民委员会经费使用情况,研究答复经费标准使用范围等问题。

2.参加调查研究城镇和人民公社政社合一的政权工作情况。

3.行政区划工作中民政部门承办以下具体工作:

（1）负责掌握行政区划的变化情况。各区批准居民委、撤销等应同时抄报我局备查,郊区生产大队、生产委年终各区向我局报送。市人委批准市县界线,区与区属街道办事处、农村人民公社的撤销,合并,新建等变化,也同时抄知本局。

（2）调查行政区划情况,有不合理的地方,及时向市报告。

（3）编撰行政区划变化的沿革资料,会同建设局绘制行政区划图。

（4）掌握街、路、巷、居民区（乡、村）名称的变更。凡新的街道、里巷、新村的建立定名和街道、村名的变更,有关承办部门都应抄送我局,以便协助市综合情况,根据中央规定向省、中央内务部报告。

（5）承办其他有关行政区划的事项。

以上报告,是否妥当,请批示。

杭州市民政局

1964 年 8 月 24 日

【由杭州市档案馆提供】

共青团杭州市委员会关于当前
加强城市街道青年工作的请示报告^①

市委：

近年来，团组织在市委正确领导和各方面的大力支持下，加强了街道青年的社会主义教育，积极动员和组织街道团员青年接受党委的统一教育，召开了杭州市青年参加农业劳动积极分子座谈会，组织下乡青年积极分子报告团，开展学习雷锋同志和董加耕同志等先进事迹，组织部分城市青年到农村人民公社参观访问，举行杭州市青年参加农村社会主义建设欢送大会等宣传教育活动。提高了青年的阶级觉悟，进一步明确知识青年下乡上山的革命意义。今年以来，广大城市青年积极响应党的号召，到革命最需要的地方去，先后已有3000多人意气风发奔赴农业第一线，已初步形成了一个伟大的革命潮流。

目前全市尚有街道青年12000人左右，绝大多数是劳动人民子女，一般都具有初中以上文化程度，他们都是解放后在党的长期培养教育下成长的，具有一定的社会主义觉悟，这是社会主义建设的一支重要的劳动后备力量。但是，街道青年闲散在社会上，缺乏经常的教育和管理，容易受到资产阶级思想和修正主义的侵蚀，沾染各种不良习气，甚至为坏分子所勾引，走上堕落犯罪的道路，这是无产阶级与资产阶级争夺青年的一个极为重要的方面，也是当前共青团工作中一个薄弱的环节。为此，根据市委的指示和"九大"精神，街道青年工作的根本任务是最大限度地把街道青年团结、组织起来，用毛泽东思想武装青年的头脑，把青年意志集中到革命上去，引导街道青年下乡上山参加农业劳动，坚决走革命道路，在三大革命运动中经受锻炼和改造，把青年培养成为无产阶级革命事业接班人。在今后一段时期，主要集中抓好以下工作。

（一）把街道青年组织起来，加强教育和管理，抵制资产阶级思想侵蚀，为街道青年参加社会主义建设创造条件。

去年以来，在党委统一领导下，以共青团为核心，逐步建立了一些组织，如

---

① 原文标题为《关于当前加强城市街道青年工作的请示报告》。

毛主席著作学习小组、街道青年代表会议、街道青年学习班、街道青少年俱乐部等。这些组织多数是好的,它们在团结、教育青年方面发挥了积极作用。当前要进一步加强领导,进行必要的整顿,把领导权切实掌握在政治可靠的团员青年手中,让无产阶级思想去占领上述阵地,以便通过各种组织形式把闲散在社会上的街道青年最大限度地团结、组织起来;深入了解青年的思想动态,针对"活思想",进行形势和任务教育、阶级教育、知识青年和工农相结合的革命道路教育;更好地组织社会青年参加劳动锻炼和社会公益活动,帮助他们逐步培养起无产阶级的感情,树立正确的劳动观点,养成艰苦劳动的习惯和独立生活的能力,为参加劳动做好准备;开展有益于身心健康的文娱体育活动,唱革命歌曲,读革命书籍,演革命现代戏剧,抵制资产阶级思想侵蚀,培养发现积极分子,依靠他们扎根串联,"滚雪球",带动青年下乡上山。

(二)动员教育城市青年参加农村社会主义建设,坚决走革命化道路。这是一场思想革命,也是一场移风易俗的革命斗争,必须充分发动群众大搞群众运动,制造社会舆论。

1.会同市妇联,组织下乡知识青年和家长积极分子报告团。分头从已下乡的知识青年和鼓励子女下乡的家长中挑选一批政治思想好、经过一定劳动锻炼的积极分子和家长组成报告团,在9月中旬,广泛向全市街道青年、家长、职工等做报告、座谈。着重宣传怎样冲破剥削阶级轻视农业劳动的思想,走上革命道路,以及下乡后在三大革命运动中锻炼成长的体会。家长主要讲怎样鼓励和支持子女下乡上山,参加农村社会主义建设,通过积极分子的现身说法,具体、生动和形象地宣传城市青年下乡的深远革命意义,进一步造成"务农光荣,下乡为贵"的社会舆论。

2.建议文艺团体和有关部门积极开展城市青年下乡上山的宣传活动,形成一支移风易俗的宣传大军。各专业和业余剧团排演一些知识青年下乡上山的戏剧;电影院放映宣传城市青年参加农村社会主义建设的幻灯片和影片;街道俱乐部展出"董加耕回乡务农"和"杭州市青年参加农业劳动积极分子的图片";商店橱窗张贴知识青年下乡上山的宣传画,报纸、电台多报道一些下乡知识青年的先进事迹,使社会各方面都能进一步认识城市青年下乡是社会主义建设和社会主义革命的需要,是光荣豪迈的事业。

3.配合安置办公室积极做好下乡青年欢送和接待工作。凡是城市青年下乡,团组织都要协助有关部门做好报名下乡青年的思想工作,召开欢送大会,提高下乡青年的社会地位,进一步造成声势。鼓励城市青年和下乡青年建立联系,互相学习,互相勉励,共同前进。并且有领导、有计划地组织干部、家长和青年到农村生产队慰问下乡青年。

4.为了表彰先进,树立旗帜,更好动员城市青年下乡上山参加农村社会主义建设,鼓励下乡青年在农村生根发芽、开花结果,坚决走知识青年革命化劳动化的道路,拟于明年二三月份同时召开杭州市街道青年代表会议和杭州市下乡青年代表会议。

(三)加强领导,建立和健全街道团的组织,提高团的战斗力。

首先,调整干部,夯实街道团组织的骨干力量,争取在今年10月上旬把街道团委书记全部配齐和调整好,并使团的干部能专司其职。居民区团支部要有领导地普遍进行一次改选,把那些成分好、觉悟高、年纪轻、热情肯干、联系群众的团员选拔为团的干部,担任团支部书记,健全支部领导核心。至今尚未建立团支部的地方应迅速按照团章规定建立团支部。加强团员的教育,认真组织团员学习"九大"文件,提高团员阶级觉悟,调动团员的积极性,使街道团员成为带动城市青年下乡上山的骨干力量。

其次,训练干部,提高干部的政治思想水平和业务能力。团市委负责训练街道团支部委员,主要内容是:传达和学习共青团"九大"精神和《人民日报》关于"教育青年一代永远当革命派"等有关社论,正确认识社会主义时期青年工作的重要意义,明确城市青年下乡上山的革命意义,增强团干部的光荣感和责任感,充分发挥干部的积极性,认真做好团支部工作,使街道团支部成为团结教育青年下乡上山、走知识分子革命化劳动化道路的战斗核心。

团市委把加强街道团的工作列为团市委工作重点之一,常委会经常讨论和研究街道团的工作;以统战部为主,组织干部力量切实抓好这一工作,并改进领导作风,深入基层蹲点,调查研究,反映情况,总结经验,更好地指导街道团的工作。

上述报告当否,请指示。

共青团杭州市委员会

1964 年 9 月 25 日

【由杭州市上城区档案馆提供】

天津市人民委员会关于发布《天津市街道居民加工生产、生活服务管理办法(试行草案)》的通知

委政〔1964〕字 42 号

现将《天津市街道居民加工生产、生活服务管理办法(试行草案)》发给你们,希遵规试行。

对街道上现有的加工生产和生活服务事业,应根据管理办法规定的内容,本着"整顿提高、稳步发展"的原则,认真地进行一次全面整顿。对反、坏分子掌了权和问题严重的管理站,区人委要派出工作组,帮助进行整顿,发动群众,坚决把领导权夺回来。对生活服务事业,因为是刚刚兴办,也要进行试点,摸索一定经验后,再逐步推行。

各区在试行中,有什么问题和意见,希及时报市人委政法办公室,以便继续修改和补充。

1964 年 12 月 25 日

天津市街道居民加工生产、生活服务管理办法

（试行草案）

为了加强对生产和生活服务的管理,明确生产、服务方向,进一步调动加工生产、生活服务人员的积极性,更好地为城市工业、商业、手工业和出口加工服务,为人民生活服务,巩固社会主义阵地,打击与抵制资本主义势力的抬头,以实现"团结群众、执行政策、安排生活、服务生产、移风易俗、灭资兴无"的街道工作的基本任务,特制订本办法。

第一章　总　则

第一条　街道居民加工生产和生活服务是在街道办事处(公社,以下从略)领导下,带有一定的社会生产自救性质的家庭生产和服务事业。

组织好加工生产和生活服务,对支援工业生产、保证出口任务的完成,满足社会需要和减少社会救济费用的开支,都起着积极作用。

第二条　加工生产的形式主要是编成小组分散在户,一般不组织集中生产,现有的集中生产可以分散的要尽量分散。不得经营产销生产和修配服务、房屋修缮、搬运等业务。生活服务主要是为双职工家庭,以及老弱病残市民拆洗缝补衣物、护理病人、抚育婴儿等。

第三条　吸收生产、服务人员主要是本街辖区范围内的社会救济户和生活比较困难的烈军属、职工家属。对生活困难的烈军属、支边支农家属和有劳动能力的社会救济户要尽量安排。对本市无户口,在职、在学人员以及有照的单干户一律不吸收。对25岁以下的社会青年,一般不吸收,但家庭生活困难或个人情况特殊的也可以适当安排。

组织安排加工生产和生活服务时,必须坚决贯彻阶级路线。要依靠出身成分好、政治可靠、工作积极、热心为群众服务的烈军属、职工家属和真正的贫苦劳动人民,以他们为骨干,团结广大居民群众,把街道居民加工生产和生活服务事项办好。

第四条　吸收生产、服务人员时,要经过本人申请,经居民组织和加工生产、生活服务管理站(以下简称管理站)审查同意,街道办事处批准。吸收生产人员计划应报区人委主管部门批准。

第二章　对加工生产和生活服务的管理

第五条　加工生产生活服务是街道办事处的主要事业之一。领导好加工生产,对加强街道居民工作、促进社会主义革命和社会主义经济建设有着重要意义。因此,应将此项工作纳入街道办事处议事日程,并有专人具体负责此项工作,加强经常检查指导,定期研究生产、服务等方面的问题。对加工生产、生活服务人员与管理人员应经常进行政治思想教育与社会主义教育,加强对他们的培养与训练。对某些工作不积极、脱离群众,或违法乱纪的人员及时进行调整与清理。

区人委对加工生产和生活服务也要加强领导,经常督促检查,推动街道办事处做好这一工作。

第六条　街道办事处对加工生产和生活服务实现领导的具体任务是:

(1)审查、鉴证加工合同,协助建立有关管理制度;

(2)审查、批准管理站的生产、服务计划和财务计划;

(3)审查增减生产、服务人员;

(4)推动管理站贯彻执行党的各项方针政策和国家的法律、法令;

（5）督促管理站保质、保量地按期完成任务和提高生活服务质量；

（6）领导管理站人员和审查或批准管理人员的工资、福利、奖励、请假等事宜；

（7）加强民主管理委员会和生产、服务人员的政治思想教育工作；

（8）保证民主管理委员会执行任务。

第三章　加工生产、生活服务管理站

第七条　管理站是在街道办事处领导下实行独立核算、自负盈亏的集体经济组织。它是生产、服务的业务管理组织，对于生产、服务人员也负有进行社会主义教育的任务。一般的是一街一站，但辖区较大的街，生产、服务人员多，服务项目多，加工产品较复杂的，也可以一街几站。

第八条　管理站的任务

（1）承揽加工业务、签订加工合同；

（2）根据职工群众的需要安排生活服务项目和介绍生活服务事项；

（3）取原料、送产品，收、发货和产品质量检验与技术指导；

（4）结合生产活动对生产、服务人员进行社会主义教育；

（5）组织与培训生产、服务人员；

（6）管理有关财务工作。

第九条　对外承揽加工业务、签订加工合同，均由管理站直接办理。小组和个人不得承揽与签订任何合同。管理站承揽加工任务后，不得转包转让。

第十条　管理站应根据勤俭办站的方针，建立必要的财务制度和手续，严格财务管理。财务账目应做到日清月结，必须实行季度、年终决算制度，定期公布，加强群众监督。

第十一条　管理站一切开支都必须经过一定的审查批准手续，开支在 10 元以内的由管理站长批准，百元以内的由街主任批准，凡属于固定资产的购买和百元以上开支的应由街办事处主任审查，报区区委批准。

第十二条　管理站人员不宜过多，一般应按正常生产、服务人员总数的 2% 左右配备，最多不得超过 3%。管理站人员，应当出身成分好、思想进步、工作积极、作风正派、能密切联系群众。管理站的领导权必须掌握在工人阶级和其他真正贫苦的劳动人民手中，发现组织不纯，应及时清理整顿。

第十三条　在目前情况下，管理人员可实行固定工资或提成工资两种制度，今后，要积极创造条件，逐步消灭固定工资制度。管理人员的收入可按生产、服务人员中等以上水平掌握。对管理有方、收益较多的,可实行季度奖励办法。奖励应由民主评定。实行提成工资的不再享受站内任何福利。不论实行哪种工资制度和奖励,都要加强思想政治工作,把思想教育和物质鼓励正确地结合起来,更好调动管理人的积极性。

第十四条　管理站人员除分担的业务劳动外,一般要安排好工作,抽出一定时间,实行定期参加劳动生产的制度,要定期定点建立劳动手册。

第四章　民主管理委员会

第十五条　为了加强生产、服务人员对管理站的工作的经常监督,各管理站要建立民主管理委员会。由站的负责人和有代表性的生产、服务人员及居民委员会主任或优质救济委员参加。一般由 11 至 19 人组成。

第十六条　民主管理委员会的任务:主要是监督管理站的工作;监督财物收支情况;研究吸收生产、服务人员情况;协助管理站推动和改进工作;听取并审查管理站长的季度年度计划、总结报告。

第五章　加工生产小组

第十七条　为了便于加工生产管理,对生产人员要按主要品种,按居住房情况编成小组,每个小组应在 10 人左右,作为管理教育的基础组织。

第十八条　加工生产小组设小组组长 1 到 2 人。组长的条件是:出身成分好、办事公正,能模范遵守国家政策法令,能为群众服务。组长应通过民主选举产生,并由管理站审查,街道办事处批准。

第十九条　小组组长都要参加生产,不再发补贴(提成)。对工作积极的,可根据管理站经营和积累情况,每半年或季度与管理站人员一起评奖,以补助其因工作而影响收入的部分。奖励费由管理站开支。

第六章　加工收益分配

第二十条　管理站应从增加生产、服务人员收入,鼓励其生产积极性出发,本着量入为出、稍有节余的原则,提取不定量的管理费。管理站提取管理费时,应根据加工品种情况、加工费的高低、技术的繁简等确定不同比例。一般提取管理费的比例,应是加工收益的 2%～10%,最高不得超过 15%,但一个管理站所收的管理费不得超过加工收益总额的 10%。提取管理费的比例,应由民主管理委员会通过,街道办事处批准。

第二十一条　管理费主要用于管理人员的工资（包括福利费、奖励费）、办公费和一般工具、设备的购置。剩余部分作为管理站的周转金。

一个管理站的周转金不宜过多。在每年年终结算时，除留有一定数量的周转金外，其余应上缴区人委，由区投入投资公司作为社会福利事业基金。此项基金一半可由区自行掌握使用，另一半由市调拨使用。

第二十二条　生产、服务人员的加工收益，管理站除按月提取管理费外，均按加工生产、服务情况分配给本人。但生产、服务人员收入不宜过多，加工收入应有一定的限度，除少数生活特殊困难或技术性较强等情况可以略高一些外，一般的不要超过三四十元。为了防止资本主义势力发展，凡生产、服务人员劳动收入较高，而家庭生活又较富裕的，可适当减少他们的加工任务，并应积极培养新手，以扩大生产和保证任务的完成。

第七章　生产、服务人员守则

第二十三条　生产、服务人员和管理人员应自觉地遵守国家政策法令和街道办事处、管理站建立的各项有关制度、规定。要积极参加生产劳动和社会活动，积极响应党和政府的号召。

第二十四条　不准投机倒把，不准中间剥削，不得偷工减料，管理人员不得私自领活进行加工生产，更不得借职权之便优亲厚友、假公济私、贪污受贿。

对投机倒把、贪污盗窃、行贿受贿、中间剥削、违法经营等不法行为，生产、服务人员应积极向市、区有关机关和街道办事处检举告发。

第八章　附　则

第二十五条　本办法从 1965 年 1 月 1 日起试行，在试行中的问题和意见，各区要及时总结上报人委，以便继续修改补充。

【选自《天津政报》1965 年第 1 期】

1965

杭州市(1949—1964)解放十五周年行政区划演变资料

　　杭州市是浙江省的政治、经济、文化中心,也是历史上七大古都之一,有2170余年的历史。春秋战国时在此设钱塘县,五代吴越王钱镠建都于此,成为我国东南第一大都市。南宋建都于杭州,称临安,人口达110万,成为当时中国第一大都市。元、明、清等朝代,设置浙江省,杭州成为浙江省的省会。1894年,中日甲午战争爆发,随着《马关条约》的签订,杭州被辟为通商口岸,拱宸桥以北列为日本租界,从此,杭州沦为半殖民地的城市。1912—1949年,国民党反动统治期间,伪浙江省政府设于此,1935年人口为56.8万余人,1937年,日伪的调查统计显示,人口下降为38万余人,1948年增至50余万人,当时全市土地总面积250平方公里。1949年5月3日杭州市解放。

　　15年来,在中国共产党和毛主席的英明领导下,在社会主义建设总路线、人民公社、大跃进三面红旗的指引下,杭州市已逐步建成为繁荣、美丽的社会主义新城市。

　　随着社会主义革命和社会主义建设事业的发展,行政区划从有利领导、便利群众出发,做了相应的调整。现将15年来本市行政区划的变化,按年记载如下。

1949 年

　　一、解放前本市的行政区划情况和解放后的建区经过。国民党反动统治时期,杭州市设8个区,分为3个城区和5个郊区,区设伪区公所,区以下设保甲,为反动政权的基层单位。1949年5月3日,杭州市解放后,成立区人民政府,将伪第一、二、三区分别改为上城、中城、下城区。将四、五、六、七、八等5个郊区分别改为西湖区、江干区、艮山区、笕桥区、拱墅区。同年9月,杭州市人民政府决定,将上城、中城、下城3个区改设为区公所,作为市人民政府的派出机关。各行政区的境界如下表所示。

杭州市各行政区境界(1949 年)

行政区	东界	南界	西界	北界	备注
上城区	东从候潮门沿贴沙河北上到清泰门与江干区分界	自候潮门经凤山门、万松岭至南屏路口与江干、西湖区分界	西以南山路至柳浪闻莺折西至涌金门与西湖区分界	北以清泰街开元路与中城区分界	
下城区	东从庆春门沿贴沙河北上至艮山门与艮山区分界	南以法院路、庆春街与中城区分界	西以圣塘路沿湖沿古新河北上至武林门与西湖区分界	北从武林门向东延伸折北沿城河向东至艮山门与拱墅区、艮山区分界	
中城区	自清泰门沿贴沙河北上至庆春门与江干区分界	南以清泰街、开元路与上城区分界	西以湖滨公园与西湖区分界	北自六公园沿武林路往东至小车桥沿法院路庆春街与下城区分界	
拱墅区	从上塘河北上至黄冢埭与艮山区、杭县分界	从武林门沿城河至上塘河与下城区分界	西以京杭路至小河与西湖区、杭县分界	从小河经拱宸桥沿运河北上至即冢桥与杭县分界	
西湖区	从南屏路口沿南山路北上再经湖滨公园古新河京杭公路至余杭塘与上城、中城、下城拱墅区分界	自白云峰经九溪十八涧、屏风山、虎跑山、玉皇山至万松岭与江干区分界	自白云峰、北高峰老和山、古荡湾与杭县分界	以余杭塘与杭县分界	
艮山区	东沿杭海公路至下六甲庙折东至钱塘江边再沿江北上至新和丰与江干区、萧山县分界	南以外城河到艮山门沿贴沙河往南到庆春门至义塘口与下城、江干区分界	西以上塘河与拱墅区分界	自沈家村经蔡巷村高家桥、俞家桥至八堡里与笕桥区、杭县分界	
江干区		东南自珊瑚沙沿钱塘江北上至六甲庙江口与萧山县分界	从珊瑚沙过江经留芳岭、任家坞至白云峰与杭县分界	从白云峰经九溪、虎跑、万松岭、凤山门、候潮门沿贴沙河北上至太平门经凯旋路沿杭海公路至下六甲庙与西湖区上城、中城、艮山区分界	

续表

行政区	东界	南界	西界	北界	备注
笕桥区		西南自杨家庙经大众塘、蔡巷村、汪家兜至俞家潭、八堡塘里与艮山区分界		杨家庙经横塘、火烧址、宣家埠沿杭海路至八堡里与杭县分界	

二、摧毁保甲制度,建立乡村政权。根据浙江省人民政府 10 月 17 日发布的关于建立乡村政权的指示,为了有力、及时地支持和巩固当前反霸减租等群众斗争,结合群众运动,当众宣布废除保甲制度,以原来保的范围设村,成立村行政委员会,二至三村设乡,成立乡人民政府。到 1949 年底,全市共建立 22 个乡。其中西湖区有金沙港、三台山、茅家埠、龙井、花园亭、古荡 6 个乡;江干区有望江、新民 2 个乡;艮山区有新塘、彭埠、七堡、闸弄口、五堰庙、下菩萨、草奄等 7 个乡;拱墅区有潮王、瓜山、皋亭等 3 个乡;笕桥区有笕桥、北草奄、宣家埠、横塘 4 个乡。

三、摧毁反动保甲制度建立居民委员会。杭州市人民政府 12 月 1 日发出关于取消保甲制度、建立居民委员会的工作指示,为了摧毁国民党反动统治的保甲制度,团结教育群众,提高群众觉悟,建立人民民主管理城市的基础,进一步巩固城市革命秩序,要求各区取消伪保甲制度,撤销伪保甲长,发动群众,按自然居住条件,通过民主方法,建立居民委员会。至 1949 年 12 月底,全市建立 34 个居民委员会。

1950 年

一、杭州市人民政府 6 月 1 日作出决定:为了适应城市集中特点,以市为工作的基本单位,以进一步贯彻执行人民政府政策法令,密切政府与人民的联系,高度发挥市人民政服的集中领导,撤销上城、中城、下城 3 个区公所。

二、遵照省人民政府 6 月 1 日训令,将本市的西湖、江干、艮山、笕桥、拱墅 5 个区的人民政府撤销,改设区公所,作为市人民政府的派出机关。

三、根据省人民政府 7 月 27 日民字第 5523 号批示,将杭县的塘河、石桥 2 个乡划入本市拱墅区,杭县丁兰乡的青石村第五组和合宜村第二、八组划入本市笕桥区笕桥乡,将本市拱墅区的瓜山乡的马家弄村、六合村划入杭县。将本市新和丰乡的同心村部分和三格、丰六、六格、七格划到杭县。艮山区的五堰乡和七堡乡合并,定名七堡乡。

四、建乡工作继续进行。在 1950 年建立的乡有江干区的乌龙、甘王、云栖 3 个乡,艮山区的六甲、新和丰 2 个乡,笕桥区的于家桥乡。

1950 年 12 月底本市郊区行政区划为:江干、西湖、艮山、拱墅、笕桥 5 个区,江干区的望江、新民、云栖、乌龙、甘王,艮山区的草庵、新塘、下菩萨、七堡、六甲、彭埠、弄口、新和丰,笕桥区的笕桥、于家桥、宣家埠、横塘、北草庵、石桥,拱墅区的潮王、瓜山、皋亭、塘河,西湖区的龙井、茅家埠、金沙港、三台山、古荡、花园亭等 29 个乡,共 172 个行政村。

五、在城区完成摧毁保甲制度、建立居民委员会的工作。共有居民委员会 507 个。

1951 年

行政区划未变动。

1952 年

杭州市人民政府委员会第六次会议决议,并经浙江省人民政府 1952 年 11 月 10 日府民字第 4160 号批复,同意在本市建立 10 个行政区,即上城区、中城区、下城区、江干区、拱墅区、西湖区、艮山区、笕桥区、上塘区、古荡区。成立人民政府作为区一级政权。西湖、笕桥、艮山、江干、拱墅等 5 个区公所同时撤销。

1953 年

一、杭州市人民政府 1 月 16 日批复江干、艮山区人民政府,两区的区界改划为东自望江门,西至关帝庙直街后。

二、杭州市人民政府 2 月 2 日通知,将古荡区塘河乡的街道部分划归拱墅区领导,西湖区的混堂村划归古荡区领导。

三、浙江省人民政府民政厅民〔1953〕字第 6642 号批复杭县人民政府,将杭县的大三、丁兰、青石三个乡和白井乡的 4 个村(仓桥、白井、吴家、葛家)划入本市,并于 8 月 1 日起,由本市建立正式领导关系。

四、杭州市人民政府 10 月 23 日府办〔1953〕字第 6623 号报告省民政厅审核同意,将艮山区的望江、甘王两乡合并,定名望江乡;将新塘乡的五福、三叉两村并入乌龙乡,将乌龙乡定海村的七、八两组划入六甲乡。

五、杭州市人民政府府办〔1953〕字第 6897 号报告省民政厅审核同意,在上塘区新建全冯乡,由弄口乡的将军、全阳、锡箔、冯家和草庵乡的沈家等 5 个村组成。

1953 年的行政区为 10 个区 33 个乡。区、乡的名称如下表所示。

杭州市各区的乡分布(1953 年)

区别	乡的名称	个数
上城		
中城		
下城		
江干	新民	1
拱墅		
西湖	龙井、金沙港、茅家埠、三台山、云栖	5
艮山	望江、乌龙、六甲、新塘、下菩萨、彭埠、弄口	7
笕桥	笕桥、七堡、于家桥、宣家埠、新和丰、丁兰、北草庵、青石、白井、大山	10
上塘	草庵、潮王、全冯、石桥、横塘、瓜山、皋亭	7
古荡	古荡、塘河、花园亭	3

1954 年

为了加强城市的居民工作,密切政府和居民的联系,杭州市人民政府委员会第十一次会议决定,于 8 月 17 日在本市的上城、中城、下城、江干、拱墅、西湖等 6 个城区建立 47 个街道办事处,街道办事处的名称如下表所示。

杭州市各区的街道办事处分布(1954 年)

区别	街道办事处名称	个数
上城	涌金门、城隍山、行宫前、新宫桥、河坊街、花牌楼、佑圣观路、城站、三昧庵	9
中城	小米巷、横河桥、马市街、皮市巷、金钱巷、惠兴路、岳王路、青年路、湖滨路	9
下城	艮山门、东街路、潮鸣寺巷、体育场路、健康路、海狮沟、忠清巷、竹竿巷、孩儿巷、打枝巷、武林路	11
江干	六部桥、南星桥、十五奎巷、闸口、望江门、江城路、海月桥	7
拱墅	米市巷、茶亭庙、湖墅、拱宸桥、运河	5
西湖	北山街、松木场、岳坟、灵隐、长桥	5

　　江干区的钱塘江、拱墅区的运河 2 个水上街道办事处建立后,因无经常工作,又撤销。

　　为了健全居民委员会的组织,建立街道办事处后,整顿了居民委员会,到年底,共有居民委员会 426 个。

1955 年

　　一、撤销古荡区。随着市政建设的发展,古荡区的土地面积陆续被征用建筑学校,农村状况已有很大改变。为了适应城市建设的需要和便利领导,杭州市人民政府报请浙江省人民委员会批准于 5 月 9 日发布命令,撤销古荡区建制,将所属的古荡、花园亭、塘河 3 个乡划入西湖区领导。

　　二、杭州市人民政府 1955 年 5 月 12 日通知西湖区人民政府,同意建立塘河街道办事处,以加强这一地区街道居民工作。

　　三、杭州市人民政府 5 月 23 日发布命令,撤销西湖区人民政府所属之街道办事处,有关街道办事处的工作,全部由该区的公安派出所接管。

　　四、杭州市人民委员会 12 月 23 日批复市郊区办事处,为增加蔬菜产量,推进农业合作化运动,并创造领导大乡的经验,将艮山区的乌龙、望江和江干区的新民乡合并,定名为沿江乡。

1956 年

　　撤销郊区区建制,建立大乡。

　　为了适应农业合作化后的新形势,根据各乡生产特点和逐步实现生产专业化的要求,以及交通自然条件、群众生活习惯等实际情况,市人民委员会第九次会议通过决议,并报请省人民委员会〔1956〕浙民字第 1279 号批复同意,将 31 个乡调整合并为一个乡,撤销艮山、笕桥、上塘 3 个区的建制。调整后的行政区划如下:

　　一、福井乡:包括原云楼、龙井、茅家埠乡及金沙港乡的大部分(除跑马村)、玉皇山、万松岭两农会和六和塔附近的居民区。乡址设在大井,受西湖区人委领导。

　　二、古荡乡:包括原古荡、塘河乡及金沙港乡的跑马村。乡址设在观音桥。

　　三、东新乡:包括原潮王、草庵乡,全冯乡的沈家、锡箔村,皋亭乡的三塘村和拱墅区的潮王一村、小河东村。乡址设在草庵村。

　　四、瓜山乡:包括瓜山乡及皋亭乡的神王、蔡马、七古、皋亭、善贤村和拱墅区的拱宸村。乡址设在拱宸村。

五、石桥乡:包括原石桥乡、全冯乡的将军村,皋亭乡的褚王、西文村,横塘乡的杨家、蔡长村,丁兰乡的同协村。乡址设在石桥头。

六、丁桥乡:包括原青石、白井乡及丁兰乡(同协村除外),笕桥乡的泥桥、茶花村,宣家埠乡的黄天、火烧村。乡址设在青石庙。

七、九堡乡:包括原和丰、于家桥、大三乡及宣家埠乡的会计、俞家、井家、格畈村。乡址设在九堡。

八、七堡乡:包括原七堡乡及六甲乡的石公村。乡址设在五堰庙。

九、笕桥乡:包括原弄口、北草庵、彭埠乡及笕桥乡的朱云、新丰、双凉三村和 4 个居民区。乡址设在笕桥。

十、新塘乡:包括原新塘、下菩萨乡及六甲乡(石公村除外)和 4 个居民区。乡址设在新塘。

十一、沿江乡:包括原乌龙、望江、新民乡(有 3 个居民区)。乡址设在乌龙庙。

撤销区建制后,由市人民委员会郊区办事处直接领导乡的工作。

1957 年

一、撤销中城区和沿江乡建制。由于城市各项建设事业的迅速发展,加上资本主义工商业的社会主义改造基本完成,各个方面都发生了新的变化:江干区已逐渐成为本市水陆交通的枢纽,西湖区是风景游览和文化疗养区,拱墅及下城区是工业、手工业比较集中的地区,中城、上城区则是商业贸易和行政机关比较集中的地区。据此情况,为了更好地适应城市规划的要求,同时也为了适当扩大城区行政区划,精简机构,充实基层,便于各区根据自己的特点掌握工作重点,经杭州市人民委员会第三次会议决议,呈报省人民委员会审核同意,于 5 月 2 日发布调整行政区划的命令。

1.撤销中城区建制,并入上城和下城区。将中城区的商业繁茂的一部分(包括青年路、湖滨路、金钱巷、马市街、皮市巷及岳王路等 7 个街道办事处)划归上城区管辖,将工业较多的一部分(包括横河桥、小米巷 2 个街道办事处)划归下城区管辖。

2.撤销沿江乡建制:将该乡自兰花荡(包括中茶四厂)经乌龙庙、广福庙至一堡江边一线以西南地区划归江干区管辖,该线东北面的农业地区划归新塘乡管辖。

3.原属西湖区的古荡乡,以余杭塘一线为界,将该线以南已形成文教区的地区由西湖区管辖,该线以北的农业地区不划归西湖区,仍为乡的建制,恢复塘河乡的名称,成为郊区的一个乡。

二、为了精简机构、充实基层,进一步加强街道工作的领导,市人民委员会5月16日发布指示,要求各区对街道办事处组织机构做适当的合并。各区调整合并街道办事处的情况如下表所示。

杭州市各区调整合并街道办事处情况(1957年)

区别	原街道办事处	合并后的街道办事处
上城区	岳王路、湖滨路	岳王路街道办事处
	青年路、惠兴路	青年路街道办事处
	城站、三昧庵	城站街道办事处
	金钱巷、佑圣观路	金钱巷街道办事处
	马市街、皮市巷	马市街街道办事处
	河坊街、新宫桥	河坊街街道办事处
	花牌楼、城隍山	花牌楼街道办事处
	行宫前、涌金门	定安路街道办事处
下城区	孩儿巷、竹竿巷	孩儿巷街道办事处
	打枝巷、体育场路	打枝巷街道办事处
	东街路、艮山门	东街路街道办事处
	忠清巷、海狮沟	忠清巷街道办事处
	潮鸣寺巷	潮鸣寺巷街道办事处
	健康路	健康路街道办事处
	武林路	武林路街道办事处
	横河桥、小米巷	横河桥街道办事处
江干区	海月桥、闸口	化仙桥街道办事处
	南星桥	南星桥街道办事处
	十五奎巷、江城路一部分	十五奎巷街道办事处
	六部桥、江城路一部分	六部桥街道办事处
	望江门	天王桥街道办事处

续表

区别	原街道办事处	合并后的街道办事处
拱墅区	拱宸桥	没有变动
	湖墅	没有变动
	米市巷	没有变动
	茶亭庙	没有变动

三、为了适应城市建设发展的需要和便于城乡相互支援,浙江省人民委员会第二十八次会议讨论通过,将杭县委托杭州市领导。省人民委员会办公厅办秘字第 2309 号通知,本市可先与杭县联系,待国务院批准后,再发生领导关系。

1958 年

一、浙江省人民委员会 1958 年 4 月 29 日民方字第 1592 号通知:根据省人民委员会 1958 年 4 月 4 日第三十五次会议决议,国务院 1958 年 4 月 8 日及 4 月 11 日议字第 28 号、政内齐字第 23 号的批示:撤销杭县建制,将该县原辖的瓶窑镇、长命乡并余杭县管辖,其余 35 个乡镇划并杭州市管辖,余杭县原辖的闲林乡(包括闲林镇)划归杭州市管辖。

二、杭州市人民委员会 1958 年 4 月 30 日〔1958〕杭办字第 555 号通知:根据市人民委员会第十七次会议通过的关于杭县建制撤销后,本市郊区组织机构设置的决议,浙江省人民委员会 4 月 29 日关于撤销杭县建制的通知,及 4 月 29 日关于杭县撤销后郊区组织机构设置问题的批复,为了加强对乡一级政权的领导,在杭县原辖区及余杭县划入本市的闲林乡(包括闲林镇)地区,分别设立临平、上泗、三墩、塘栖 4 个区人民委员会,原本市笕桥区公所亦改设笕桥区人民委员会,均作为一级政权。5 个郊区和西湖、拱墅二区共管辖 42 个乡、4 个镇。区别和乡镇如下表所示。

杭州市各区的乡镇分布(1958 年)

区别	乡镇名称	个数
西湖	龙井	1
拱墅	塘河	1
笕桥	笕桥、新塘、丁桥、石桥、东新、七堡、九堡、瓜山	8

续表

区别	乡镇名称	个数
临平	翁梅、乔司、下沙、星桥、乾元、双林、博陆、五杭、亭趾和临平镇	10
塘栖	丁河、超山、塘南、宏磻、东塘、獐山、云会、四维、康桥、崇贤和塘栖镇	11
三墩	安溪、良渚、七贤、双桥、肇和、祥符、五常、东岳、闲林和三墩、留下镇	11
上泗	树塘、龙坞、新宁、周浦	4

　　三、为加强郊区工作的领导,市人民委员会设立郊区办事处,作为市人民委员会的派出机构,统一管理郊区各区人民委员会的工作。

　　四、1958 年 9 月,西湖区龙井乡农业合作社向全乡农业社倡议,组成人民公社,8 月底正式宣布成立,杭州市第一个政社合一的人民公社从此诞生。9 月 12 日西湖区第二个人民公社——古荡人民公社——宣布成立。10 月 1 日江干区四季青人民公社宣布成立。

　　五、为了适应人民公社化的新形势,杭州市人民委员会于 12 月 16 日举行第一次会议,通过决议,撤销笕桥、临平、三墩、塘栖、上泗 5 个区建制,成立笕桥、九堡、亭趾、临平、塘栖、东塘、四维、三墩、良渚、留下、上泗等 11 个人民公社,经浙江省人民委员会第 2482 号批准。这 11 个人民公社的区域为:

　　笕桥公社:包括笕桥、新塘、东新、石桥乡及丁桥、七堡乡的一部分。

　　九堡公社:包括九堡、乔司、下沙、七堡等乡及丁桥乡的一部分。

　　临平公社:包括星桥、乾元、双林、翁梅 4 个乡。

　　亭趾公社:包括五杭、博陆、亭趾 3 个乡。

　　塘栖公社:包括塘南、超山、丁河、宏磻 4 个乡。

　　东塘公社:包括东塘、云会、獐山 3 个乡。

　　四维公社:包括崇贤、四维、康桥 3 个乡。

　　三墩公社:包括祥符、双桥、肇和 3 个乡。

　　良渚公社:包括七贤、良渚、安溪 3 个乡。

　　留下公社:包括留下镇和东岳、五常、闲林 3 个乡。

　　上泗公社:包括树塘、周浦、新宁、龙坞 4 个乡。

　　六、1958 年底,浙江麻纺厂人民公社(简称浙麻公社)、拱墅区塘河公社相继成立。浙麻公社的范围即原瓜山乡,塘河公社的范围即原塘河乡。

　　七、浙江省人民委员会 12 月 8 日第二次会议决议,并报请国务院批准,将萧山、富阳二县划归杭州市领导。

1959 年

一、为了适应人民公社化和工农业生产的新形势,1月20日中共杭州市委040号报告,拟成立半山、拱墅联社,大体以运河为界,半山联社管辖笕桥、九堡、临平、亭趾、塘栖、四维、浙麻等7个公社,拱墅联社管辖塘河、三墩、良渚、东塘、留下、上泗等6个公社,拱墅联社管辖塘河、三墩、良渚、东塘、留下、上泗等6个公社和拱墅区的城区。经中共浙江省委2月25日175号批示批准。

二、9月撤销浙麻人民公社,将所辖地区合并到四维人民公社。

1960 年

一、1月14日,中共浙江省委23号批复同意中共杭州市委的报告,将拱墅联社和半山联社合并,定名为钱塘联社,将拱墅联社的城区部分划出,恢复原拱墅区。

二、2月15日,中共杭州市委62号通知,为了适应城市建设事业发展的需要,将笕桥公社划归江干区领导,四季青公社划并到笕桥公社,将四维公社的瓜山管理区,笕桥公社的潮王生产队,三墩公社的涌金、新联、新生、孔家埭、花园岗、方家埭、富隆等7个生产队划归拱墅区,与塘河人民公社合并改名为拱墅公社,将西湖区古荡人民公社并入西湖公社。

三、2月25日,中共杭州市委通知,将钱塘联社九堡公社的七堡、兴隆管理区划归江干区笕桥公社管辖。

四、4月30日,中共杭州市委81号通知成立上城、下城、拱墅、西湖4个人民公社,下设21个分社。同时将上城区清波门铁冶路以西地区,涌金公园、清波公园、柳浪闻莺、南山居民区和下城区的圣塘路、环城居民区划入西湖公社。

杭州市各公社管辖范围(1960 年)

公社名称	分社名称	管辖范围
上城	湖滨	岳王路街道全部和青年路街道的解放街以北部分
	涌金	定安路街道全部和青年路街道的解放街以南部分
	清波	花牌楼街道全部和河坊街街道中河以西部分

续表

公社名称	分社名称	管辖范围
上城	清泰	金钱巷街道全部和河坊街街道中河以东部分
	城站	原城站街道辖区
	小营巷	原马市街街道辖区
下城	武林	武林路、孩儿巷两个街道办事处
	天水	原打枝巷街道辖区
	长庆	原忠清巷、健康路两个街道办事处
	潮鸣	原潮鸣寺巷、东街路两个街道办事处
	横河	原横河桥街道办事处
拱墅	拱墅	原米市巷街道的全部和茶亭庙街道一部分及原拱墅公社的潮王生产队
	大关	茶亭庙街道的 4 个居民区和原拱墅公社的瓜山管理区
	小河	原湖墅街道及小河以西的农村
	拱宸桥	原拱宸桥街道及小河以东的农村
西湖	下设北山、南山、浙大、杭大、工学院 5 个分社,后合并为北山、南山、西溪 3 个分社。	

五、9 月 5 日,中共杭州市委通知成立江干区人民公社。江干区人民公社下设 24 个生活服务站。后将 24 个服务站合并成 4 个分社,其名称和范围是:

闸口分社,即原化仙桥街道辖区。

南星桥分社,即原南星桥街道辖区。

望江分社,包括十五奎巷、六部桥 2 个街道辖区。

海潮分社,即原天王桥街道辖区。

六、1960 年 6 月 7 日浙江省人民委员会通知,为了工作需要,将临安县和昌化县合并,定名为临安县,富阳县和桐庐县合并,定名为桐庐县,划归杭州市领导。

1961 年

一、3 月 11 日中共浙江省委批示,将本市钱塘联社的上泗公社划归西湖区领导。

二、5 月 16 日中共浙江省委批复市委,同意将留下公社的东岳、益乐、古荡、杨家牌楼、西穆坞、小和山(包括公社林场)、屏风、横街等 9 个生产队和留下镇划归西湖区领导,将益乐、古荡大队并入西湖公社,其余建立一个公社,定名为留下公社。

三、浙江省人民委员会7月21日民字333号通知,经国务院决定,将杭州市的钱塘联社改名为余杭县,并将临安县的余杭、长命、仓前、潘板、黄湖、双溪、石鸽等7个公社划归余杭县管辖。

四、根据中共中央关于农村人民公社暂行条例修正草案六十条的规定,对本市江干、西湖、拱墅区人民公社的规模做了调整。

西湖区:

(1)将上泗公社调整为转塘、袁浦、周浦、龙坞4个公社;

(2)留下公社、西湖公社规模不动。

拱墅区:撤销拱墅公社,将拱墅公社调整为上塘、祥符2个公社。

江干区:将笕桥公社调整为笕桥、乌龙、石桥、彭埠4个公社。

五、市人委8月30日通知,将市农场企业公司所属的丁桥管理区划归石桥公社,并将石桥公社改名为丁石公社。

六、市人委10月21日通知:将余杭县的康桥公社划归拱墅区领导。

七、至本年底为止,本市行政区划为5个区13个人民公社。

5个区:上城、下城、江干、西湖、拱墅。

13个人民公社:乌龙、笕桥、彭埠、丁石、西湖、留下、转塘、袁浦、周浦、龙坞、祥符、康桥、上塘等。

八、省人民委员会12月30日第555号通知:省人民委员会第二十八次会议通过报请国务院批准,恢复富阳县,以原富阳县和新登县的行政区划为富阳县的行政区划。

1962 年

5月27日中共杭州市委131号通知批复江干区委,同意将丁石调整为石桥公社和丁桥公社。

1963 年

一、3月,西湖区人委将西湖人民公社的古荡片8个大队划出恢复古荡人民公社。决定对城区部分行政区划做如下调整。

1.将西湖区管辖的环城、混堂居民区划归下城区管辖。西湖、下城两区,以环城西路为界,路东由下城区管辖,路西由西湖区管辖。

　　将西湖区管辖的清波门、南山路居民区和湖滨公园,即从清玉路、南屏路口到六公园的沿湖地区,划归上城区管辖。

　　2.将现由拱墅区管辖的武林居民区中武林门至环城北路沿街的2个居民小组划归下城区管辖。调整后,拱墅、下城两区以外城河为界(直到上塘河和外城河的交叉口)。

　　3.将下城区横河桥街道办事处管辖的人民新村居民区(包括自来水厂所在地),划归江干区管辖。下城、江干两区以贴沙河为界,贴沙河以东为江干区,贴沙河以西为下城区。

　　二、为了有利于电力网的建设和管理,有利于城乡的相互支援,有利于发展工农业生产,经浙江省人民委员会第四十八次会议通过,并报请国务院批准,将金华地区的建德、淳安两个县划归杭州市领导。

　　三、1963年的行政单位是5个城区、15个公社、23个街道办事处,受杭州市领导的是7个县。

　　5个城区:上城、下城、江干、拱墅、西湖。

　　15个公社:乌龙、笕桥、丁桥、石桥、彭埠(以上5个公社受江干区领导);康桥、上塘、祥符(以上3个公社受拱墅区领导);西湖、古荡、留下、转塘、龙坞、周浦、袁浦(以上7个公社受西湖区领导)。

　　23个街道办事处:定安路、马市街、花牌楼、岳王路、金钱巷、城站(以上6个街道受上城区领导)。长庆街、武林路、天水桥、潮鸣寺、艮山门、横河桥(以上6个街道受下城区领导)。南星桥、闸口、望江、海潮(以上4个街道受江干区领导)。米市巷、拱宸桥、大关、茶亭庙(以上4个街道受拱墅区领导)。北山、南山、西溪(以上3个街道受西湖区领导)。全市共有居民委员会372个。

　　7个县:余杭、萧山、富阳、桐庐、临安、建德、淳安。

1964 年

　　一、1963年12月21日杭州市人民委员会办字第811号通知:将下城区管辖的庆春街以南的地区划归上城区管理。这两个区于1964年1月1日办理交接手续。

　　二、5月2日杭州市人民委员会办政字第161号通知:为了进一步加强城区街道工作,便利人民群众,决定对街道办事处的设置和名称做如下调整。

　　1.西湖区增设一个街道办事处,即将北山街道办事处分设为北山、灵隐2个街道办事处。

2.为了与城区公社名称对口,将现有街道办事处名称做如下更改:

(1)上城区除城站街道办事处保持原名外,将马市街、定安路、金钱巷、岳王路、花牌楼、横河桥街道办事处,分别改名为小营巷、涌金、清泰、湖滨、清波、横河街道办事处。

(2)下城区将武林路、长庆街、天水桥、潮鸣寺、艮山门街道办事处,分别改名为武林、长庆、天水、潮鸣、艮山街道办事处。

(3)江干区将海潮街道办事处改名为天王桥街道办事处,其余保持原名。

(4)拱墅区除米市巷、拱宸桥街道办事处保持原名外,将茶亭庙、大关街道办事处分别改名为湖墅、小河街道办事处。

(5)西湖区除增设的灵隐街道办事处外,其余保持原名。

三、拱墅区人民委员会根据市人委政办字 161 号通知,于 12 月 21 日通知各街道,对小河、湖墅、米市巷 3 个街道管辖地区做了调整。

四、7 月 18 日浙江省人民委员会民字第 386 号通知,为了严格控制城镇人口,进一步加强对镇的工商业和手工业的领导和管理,根据中共中央、国务院《关于调整市镇建制、缩小城市郊区的指示》精神,决定在本市设笕桥、留下 2 个镇。

杭州市 1964 年总面积为 396.2 平方公里,人口为 963522 人,其中城市人口 742655 人,农村人口 220867 人。行政区划分 5 个区,有 15 个人民公社,24 个街道办事处,373 个居民委员会。各区的特点是:

上城区:延龄路、解放路、中山中路、湖滨路、平海街等几条主要大街贯穿区内,为商业贸易和行政机关比较集中的地区。

下城区:新建的环城东路、环城西路、环城北路环绕该区,新建的延龄北路贯穿南北,沿路一带,新的商业区住宅区正在形成,丝绸工业集中于此。

江干区:是本市铁路、水运的枢纽,草桥门外滨江一带地区厂房节节升起,步步扩大,已形成食品工业区,区的西面已成为本市的机械工业基础。全区范围包括城区和郊区,本市的蔬菜基地就在此。

拱墅区:是本市的工业区,区东北的半山,为本市新建的钢铁工业区,城郊拱宸桥一带为纺织工业区,区西北祥符桥一带为轻工业区,全区范围包括城区和郊区,产水稻、蚕桑。著名的土产品大红袍荸荠,就在这里出产。

西湖区:西湖风景区即位于该区,是游览疗养之胜地,沿老和山、松木场一带,原来是荒冢累累的旷野,现在已成为全市文化中心,浙大、杭大和其他中等专业学校都建于此,全区范围包括城区和郊区,龙井茶、钱江水蜜桃等名产就出产于该区。

杭州市区划以及各行政区界如下表所示。

杭州市区划(1964 年)

区别	街道办事处名称	居民委员会数/个	人民公社名称	生产大队数/个
上城	湖滨、小营巷、清泰、涌金、清波、横河、城站	120		
下城	武林、天水、长庆、潮鸣、艮山	83		
江干	望江、天王桥、南星桥、闸口	91	乌龙、彭埠、笕桥、丁桥、石桥	96
拱墅	拱宸桥、小河、湖墅、米市巷	43	康桥、上塘、祥符	46
西湖	北山、南山、西溪、灵隐	35	西湖、古荡、留下、龙坞、转塘、周浦、袁浦	134
合计	24	372	15	276

杭州市各行政区界(1964 年)

行政区	东界	南界	西界	北界
上城区	东以贴沙河与江干区分界	南以望江街、鼓楼、城隍山、紫阳山云居山至万松岭与江干区分界	西以清玉路、清波公园、涌金公园、湖滨公园与西湖区分界	北以庆春街与下城区分界
下城区	东以贴沙河至艮山门车站与江干区分界	南以庆春街与上城区分界	西以环城西路与西湖区分界	北从艮山门车站往西经松艮路、施家桥、外城河、垃圾坝、环城北路与环城西路相接
江干区	东南自闸口沿钱塘江向北延伸至七堡隔钱塘江与萧山县分界	南临钱塘江	西从半山桥、上塘区贴沙河至望江街折西经鼓楼、城隍山脚、紫阳山脚、凤凰山、将台山、玉皇山脚与拱墅、下城、上城、西湖区等区分界	北和余杭县的九堡、大井、星桥等公社分界

行政区	东界	南界	西界	北界
拱墅区	东以上塘河与江干区分界	南以外城河经垃圾坝、环城北路和环城西路相接与下城区分界	西从余杭塘、京杭公路、环城北路与西湖区分界	北起半山经运河、祥符与余杭县的崇贤、沿驾桥、勾庄、三墩、西行、蒋村等公社相接
西湖区	东以京杭公路、环城西路、湖滨公园、涌金公园、清波公园、万松岭、凤凰山、玉皇山、钱塘江分别与拱墅、下城、上城、江干区及萧山县分界	南与富阳县的受降、东洲东社分界	西与余杭县的五常蒋村、闲林等公社分界	北以余杭塘和拱墅区、余杭县分界

【由杭州市档案馆提供】

杭州市拱墅区桥西居民区军属学习
小组关于组织军属学习的发言①

各位首长、各位同志：

我是拱宸桥街道桥西居民区的军属学习小组组长,叫我出席这样隆重的大会,我感到无上的光荣。首长的指示和许多先进事迹的介绍,给了我很大的教育,我一定好好向先进学习,积极投入社会主义教育运动,进一步做好居民工作,使我的亲人更加安心地服役。现在,我汇报一下我们桥西居民区军属学习小组组织军属学习的情况。请首长和同志们多多指教和批评。

我们居民区里共有军属43户,其中"双职工"和船民30户,在居民区的13户。过去在居民区的军属中,有少数的个人主义思想比较严重。有的说儿子当兵,工资丢了,吃亏不少;有的叫粮食不够吃,却将籼米调黑市糯米;有的说不介绍工作,不开会;有的搞"标会";有的要政府安排军人嫂嫂工作,要把军人的哥哥调工作,调地方;有的搞迷信活动;等等。在街道党委的重视下,我们军属成立了学习小组。通过学习,大家对阶级和阶级斗争开始有了认识,认识到以上这些问题是两个阶级、两条道路斗争在我们烈军属中的反映,从而提高了思想觉悟,大家对照毛主席著作检查了自己,初步纠正了以上错误思想。军属中出现了自力更生、艰苦奋斗、团结互助的新风气,有的动员子女支农,有的积极参加居民工作,受到群众好评。

我们是怎样组织学习的呢?

1. 成立学习组织,建立学习制度。能够参加学习的13户居民军属,成立了一个大组,根据便利的原则,按具体情况划分三个小组。规定每月学习两次,忙的时候坚持一次。学习内容有:社会主义教育运动"双十条",向解放军学习,支援农业,毛主席著作和各个时期的政治时事等。通过学习,不断提高大家的思想觉悟。如报上登了活捉武装特务的消息,我们就在学习小组上讨论阶级斗争问题,使军属们更形象地看到敌人是不甘心死亡的,阶级斗争是尖

---

① 　原文标题为《桥西居民区军属学习小组关于组织军属学习的发言》。

锐、复杂的,必须提高革命警惕性。大家认为保卫国防是我们的义务,表示一定要写信鼓励儿子,紧握手中枪,守住大门,狠狠打击敌人。

2.抓活思想,带着问题学,活学活用,帮助军属提高认识,改正缺点。如有一个军属,大儿子在卖鱼桥工作,认为路太远,要求调近一点,没有同意就发牢骚;还常常用籼米调糯米吃,空叫粮食不够。我们针对这些问题,学习了《为人民服务》等文章,联系实际问题进行讨论,说明应征服役保卫祖国是每个公民的光荣责任;军属是光荣的,政府是关怀的,群众是尊敬的,但生活不能特殊化,不能脱离群众,不能提出无理的要求。同时对她的资产阶级个人主义的错误思想行为提出诚恳的、正面的批评,使她提高认识,承认和改正了错误。

3.发扬民主,用军属自我教育的方法,加强军属之间的团结互助,培养大家先人后己的风格。例如军属中迫切需要解决房子问题的有好几户,该问题比较难解决。去年在房管部门的照顾下,可以帮助解决2户。根据这个情况,我们就召开军属小组会。先回忆过去劳动人民居住的是什么房子,现在吃的、穿的、住的和过去比较真是一个在天堂,一个在地狱。住房的增加,仍不能满足大家的需要。然后向大家说明当前房子的紧张情况,以及房管部门对我们军属的照顾,叫大家讨论我们应该以怎样的态度来对待房子问题。军属们一致认为应该有自力更生、克服困难的精神,发扬军属的光荣传统。房子少,而需要的军属多,应先照顾急需的,所以在发言中都能互相谦让,最后根据轻重缓急的原则做了妥善安排,大家都很满意,不但没有在房子问题上闹意见,而且受了一次深刻的教育,增强了团结。

4.在对军属加强思想教育的同时,也帮助解决一些实际困难。如军属吴大妹,儿子参军以后,收入减少,生活上确实有困难。我们一方面对她的当兵“吃亏”思想进行正面教育;另一方面帮助她同儿子参军前的工作单位联系,又及时向街道办事处反映,得到了补助,解决了生活困难。吴大妹解决了思想问题,又解决了实际问题,觉悟很快提高,口口声声说政府对军属照顾得太好了。

实践告诉我们,烈军属的阶级觉悟总的来说是比较高的,只要坚持正面教育,定能够听党的话,在各项工作、斗争中起积极作用。

最后,祝首长和同志们身体健康。

1965 年 1 月 16 日

【由杭州市上城区档案馆提供】

天津市河东区劳动科
关于劳动力调配工作的初步调查①

最近,我们对复兴庄、中山门两个街办事处的 11 个居民区的社会闲散劳动力的管理和调配工作,进行了调查。这些居民区的劳动力调配权大都掌握在管理劳动力的居民主任手里,他们权力很大。

中山门一段有个叫赵世明的男青年,18 岁,初中文化,工人成分。有一次居民主任刘淑清对几个青年说:"叫赵世明到我家来。"赵说:"去干吗,还不是叫我打油买醋,我不去。"后来这话被刘知道,在代中央培训徒工时没给赵报名,以后赵世明在街填了表,刘知道后,就找外勤干部说:"如果把赵世明的表报区,我们主任、委员就不干了。"结果,街里就没往区里报。② 二段有个叫乔占红的男青年,今年航道局分配他家一间房子,被居民主任李秀英强占了,乔因看不惯李的作风,从此不参加学习小组,李秀英就抓住这一点,长期不给介绍工作,并扬言"谁要跟我闹别扭,一辈子也甭想找工作"。街干部曾三次征求李的意见给乔找工作,由于李坚决不同意没得到解决。

调配权掌握在这些人手里以后,他们假公济私,不按政策办事。复兴庄第六居民区主任张桂英的爱人 1962 年退职,领了 1700 多元的退职金,张利用职权之便,自 1963 年以来连续把她的爱人介绍到皮毛厂、水泥厂等单位工作,许多群众反映,还是"朝里有人好做官"。

但是,烈军属、救济户的生活困难却长期得不到解决。如中山门街烈属孙秀荣,全家十一口人,平均收入不足 10 元(包括工会组织补助),11 月份经与民政科研究,决定安排她长期工作,民政科电话通知中山门街将孙的表报区,很长时期没报来,直到这次调查中,才解决了孙的就业问题。再如一段张宝芝,全家六口人,每月依靠政府救济生活,至今也未就业。更为严重的是,有的居民主任利用介绍工作,公开接受群众请吃、送礼。复兴庄第六居民区治保主

---

① 原文标题为《河东区劳动科关于劳动力调配工作的初步调查》。原文按:河东区人委同意报告中提出的意见,已转发给有关部门贯彻执行。

② 原文按:这些同志的原则性到哪里去了?

任张秀芬(又名王大妈)把四类分子子弟王金龙介绍到砖瓦厂工作后,王金龙给张秀芬送去西瓜、高级糖、麻花等物;胡宝生为了找工作,给张送去一瓶香油和吉豆等物。有的青年怕得罪主任,经常利用假日去看望。徐桂风对我们说:"我现在做临时工,每周也得到王大妈家去一次,否则将来转为正式工,也得经王大妈签字才行。"①

总之,下面存在的问题不少。我们下去的时间虽然较短,但却受到了一次深刻的教育,进一步认识到劳动力调配工作中的阶级斗争,也是十分尖锐复杂的。劳动力调配权由居民区掌握,是一个重大原则问题。这个问题不仅在复兴庄、中山门存在,在其他街也有类似情况。因此,我们建议,从现在起,劳动力调配权必须由街办事处掌握,按照市、区下达任务直接进行调配,取消居民区签字盖章这一道手续,但征求居民区的意见还是可以的;居民委员会不能形成调配劳动力的一层机构。根据生产需要和上级交办的任务,区劳动科可直接调配劳动力。

【选自《天津政报》1965 年第 1 期】

---

① 原文按:这是谁规定的制度?

天津市河东区关于要正确
使用居民组织力量的报告[①]

　　河东区劳动科从劳动调配工作中发现的问题,不是个别现象,在社会救济、生产自救和组织分散生产等工作上,其他区街和群众来信来访中,都反映过类似情况,很需要我们注意。

　　这种不正常现象产生的原因,一是有的居民组织不纯,鱼龙混杂,有些别有用心的分子,乘机干了一些坏事;二是有的单位和干部把一些本来应该自己做的工作,推给了居民组织,而且放松了领导和检查,使得各项方针、政策措施不能真正落实,影响了党和群众之间的密切联系,甚至损害了党和政府的威信。

　　应该肯定,居民组织的多数成员是好的,辛辛苦苦地做了不少工作,其中有些人虽然也有这样那样的缺点或错误,但只要加强教育和具体帮助,缺点、错误可以改正,政治觉悟也可以逐步提高;至于居民组织不纯的问题,经过整顿、清理和社会主义教育运动的深入发展,更是能够彻底解决的。

　　关键在于我们主管部门和基层单位的干部,必须在实际工作中加强阶级观点,提高政策思想,亲自动手,调查研究,解决问题。

　　城市的阶级情况很复杂,当前阶级斗争又十分尖锐,我们必须学会经常运用阶级分析的武器去观察、分析和处理事物。在使用居民组织的力量或为群众解决问题时,依靠谁、团结谁、为谁服务这些根本性的问题,都要用阶级和阶级斗争的观点,透过现象看本质,一切从有利于巩固无产阶级专政出发,才不会迷失方向。

　　提高政策思想就是对任何工作都要按照党的方针、政策办事。"政策和策略是党的生命",党的一切政策都体现了劳动人民长远的、根本的利益,政策思想和阶级观点是完全一致的。因此,在执行政策中决不应该以个人或部分群众的好恶作为处理问题的标准,用感情代替政策,任何执行政策时不坚决、打

---

　　① 原文标题为《要正确使用居民组织的力量》。

折扣,或阳奉阴违的行为,都不利于团结、教育广大劳动人民,以提高他们的觉悟,不利于顺利进行社会主义革命和社会主义建设。

一切工作应该贯彻群众路线,应该依靠群众。但是,群众路线有个"集中上来,坚持下去"的过程,依靠群众不是把事情推给群众去做,更不应把无产阶级的权力"下放"。居民组织是群众自治性的组织,有责任协助政府贯彻执行政策、法令,但任何单位都不应该把他们当作自己的下级单位来使用。而要做好工作,就必须要求我们的干部彻底改变"机关化"的工作作风,深入下去,亲自动手,研究和解决问题;尤其是和群众切身利益有关的问题,更要亲自掌握。即使对可以使用居民组织力量进行的工作,也要加强领导,具体帮助,勤督促,勤检查,有效地堵塞漏洞,以免造成不必要的损失或影响。

【选自《天津政报》1965年第1期】

天津市河东区大直沽街办事处
通过蹲点解决"三费"问题①

　　河东区大直沽街办事处从 1964 年 9 月份以来,用了两个多月的时间,分别在东下坡、诚友庄、东宿舍、南北街四个居民委员会,针对群众自来水费、保洁费、电费管理上存在的管理混乱、不公布账目、手续不清、收费标准不统一和坏人乘机贪污等情况进行了调查研究。通过深入蹲点,广泛发动群众,采取了一些措施,初步解决了一些问题。

一、实现了自来水费按月向群众公布账目,加强了群众监督

　　工作开始,首先"解剖"了东下坡居民委员会的水站管理情况。这个居委会共有 672 户 3525 人。有 5 个自来水站,分别由 5 人管理,过去从不公布账目。如该居委会蒋淑珍(现已清洗)所管理的水站,经过核对账目,发现的问题是:从 1964 年 4 月至 10 月,每月吃、用水的人数为 1177 人,7 个月共收水费 320 余元,除交自来水公司及其他开支外,加上原存 270 元,应实存 310 元,而实存现金仅有 99 元,这里边除有据可查的借给别人的一部分外,其他 97 元是被管理人私用了。

　　通过检查,立即确定,全街 42 个水站从 11 月份起都要按月向群众公布账目。公布账目的重点是:多少户、多少人,每人每月按几分收费,共收多少钱,开支水费多少,其他开支多少,当月全额多少,总余多少等。在这样做的过程中,也曾遇到一些阻力。主要是居委会委员以上人员中存有"这样紧,管水站的人不干怎么办""每人每月收三四分钱,没多大油水""叫管理人员公布账,会得罪他们"等思想问题。针对这些思想问题,街道召开了各居委会正副主任会议,指出这方面的问题和群众要求,启发大家讨论、研究,统一思想,提高认识,从而顺利地做到了消费按月公布,加强了群众监督,堵塞了漏洞。

---

　　① 原文标题为《大直沽街办事处通过蹲点解决"三费"问题》。

二、加强了保洁费的管理，建立健全了制度

这个街保洁费的收费标准，多数是每月每户收 1 角，少数每月每户收 1 角 5 分，收费没有凭证，存在问题不少。如从重点清理的东宿舍家委会保洁费账目中发现：(1) 有 4 个月没账，估计有结余 120 元不知去向；(2) 用保洁费存款买物，从中牟利，如今年夏季卖敌敌畏赚了钱没有走账；(3) 账目反映银行存款曾有 5 次提款，对做什么用经手人交代不清。对此除把该家委会保洁费结余冻结，继续清查不清问题外，为了吸取教训，加强对保洁费的管理，全街统一负责印制了保洁费专用收据，从 12 月份起实行了凭证收费的办法；同时，各居民委员会（家委会）建立了保洁费管理制度，堵塞了漏洞。

三、减轻了群众电费负担，加强了居民团结

电费管理问题，也是应当注意的问题。如诚友庄居委会有 396 户合伙用一个表，解放后曾经换过 4 次管理人员。在 1961 年居委会专请了一个记账员，加强了管理，每月每个灯头的费用，自接管前的 1 元 2 角降到 8 角。但是，由于职工收入不一，生活要求各异，仍然存在点大灯泡和点小灯泡之间的矛盾。通过这次蹲点，广泛征求群众意见，从过去积累中提出部分钱安装了 12 个电表，并实行了按灯泡光度大小收费的办法。这样，既解决了群众之间的纠纷，增强了团结；也满足了居民中的不同需要，降低了费用，做到了合理负担。

总之，通过蹲点，这个街发现了一些问题，也初步解决了一些问题。但只是起到"刹车"作用，还不够彻底，有许多问题还有待于今后继续努力，彻底加以改进。

【选自《天津政报》1965 年第 2 期】

关于天津市河西区依靠群众修建
刘庄大街和保安街道路的调查①

　　修建河西区刘庄大街和保安街道路工程的实践说明,采取专业队伍与群众相结合的办法,修建一些群众迫切需要、技术性不很复杂的市政公用工程,不仅是可能的,而且有许多好处:一是符合多、快、好、省的要求,二是使群众受到教育、得到锻炼,三是有利于设施的维护管理,等等。这是城市建设部门依靠群众,贯彻"勤俭建国、勤俭办一切事业"方针的一个好办法,也是今后城市建设应该而且必须走的一条道路。

　　社会主义建设总路线的基本精神之一就是要坚持依靠群众、放手发动群众、大搞群众运动。只要我们眼睛向下,相信用革命思想武装起来的群众的力量,不仅是动员群众参加市政建设工作的修建,就是在改造旧城市、在组织今年工农业生产新高潮的工作中,都会发挥很好的作用。这篇材料虽然谈的是修路,但每个机关、企业都可以从中得到有益的启示。

　　河西区小刘庄大街和谦德庄保安街一带是劳动人民聚居区,也是交通要道和商业中心,但是由于路面低劣、坑洼不平,晴天尘土飞扬,雨天踏泥蹚水,工业生产、商业服务、人民的劳动和生活十分不便。市政建设部门过去也考虑进行修建,但因力量所限没有进行。1964年10月,采取依靠群众、专业部门与群众相结合的方法,进行了修建。这两条道路共长1408米,整个工程包括6691平方米炒油路面②(其中刨路基土方2243立方米,打灰土、做路拱)和侧石、边道、收水井等工程,全部工程施工劳力,如以河西区养护队的50名专业工人计算,需要98天,而实际只用了20天,工程质量合乎要求,并且做到了工完路净(路面扫得净,剩料和废土清得净),没有发生一起工伤事故。工程造价比原计划少1100余元,而且节省工资5800余元。这项工程竣工后,当地的卫生和交通状况得到了改善,为生产和人民生活创造了有利的条件,受到了各方

---

　　①　原文标题为《关于河西区依靠群众修建刘庄大街和保安街道路的调查》。
　　②　炒油路面:沥青混凝土铺成的路面。——编者注

面的欢迎。同时,城市建设部门和街道干部受到了深刻的教育,增强了为人民服务的观点,更加密切与群众的关系。群众在劳动实践中也得到了锻炼。现在,群众对自己的劳动成果非常珍惜,为了不使道路遭受损坏,住在道路两边的群众还自觉地提出不在道路上劈柴、不乱泼乱倒污水、不要小孩乱刨乱挖等养护道路的措施。

这两条道路是怎样修建的呢?

一、统一思想认识,相信群众力量

为实现群众多年的愿望和要求,市政工程修建部门确定与有关部门配合,发动群众修建,但开始时,由于两处同时施工,专业队伍人少,有些干部对群众力量估计不足,产生了"三怕":一怕群众散漫,不好组织管理;二怕工程大,群众工效低,拖长工期,质量不好;三怕出工伤事故。顾虑很多。有关领导及时召开了职工干部会议,反复进行了为人民群众服务和相信群众、依靠群众的教育,并结合实际工程,既算政治账,也算经济账,提高了职工的认识。

两个街的领导对依靠群众修路是完全拥护的,但因没有经验,在思想上也有顾虑。经街党委讨论研究,考虑到广大群众多年来的迫切要求和国家建设力量的实际困难,决心发动群众把路修好,并以街办事处为主,抽出专人和市政建设部门组成班子,安排修建任务,互相配合,进行了一系列的群众工作和施工组织工作。

二、广泛发动群众,调动了群众自觉劳动的积极性

在街党委的领导下,广泛地进行了思想发动,对居民主任、工厂、学校和商店负责人、社会青年、积极分子、家庭妇女、当地居住年久的老人,结合新旧社会对比,大讲党的关怀和修建两条道路与群众的关系,启发认识;并向有关单位说明任务要求,取得各方面的支持,分片串联,宣传动员,很快就得到广大群众的积极响应。居住年久的老人更为兴奋,他们说:"旧社会修路是为有钱人的小汽车好走,劳动人民住的地方不管;也有过头目人出来敛钱修路,结果把钱入了自己的腰包。今天共产党、毛主席处处关怀我们,路是大家走,也要大家自己修,不能光靠国家。"

广大群众在修路工程中都想贡献自己的一份力量。在居住范围内的人来了,居住范围外的人也来了;经宣传动员的人来了,没有动员听到消息的人也来了。小刘庄街组织动员了7个居民委员会,其他的居民委员会也组织居民

参加。年青的参加劳动,年老的帮助家里无人的年轻人做饭、看孩子或组织临时"托儿站"、维持交通秩序以及为工地烧水等服务工作。两个街的小学生,街道和学校并没有动员,他们下了课或在假日也自动组织起来,排队到工地劳动;许多工人利用假日或业余休息时间参加修路劳动。参加劳动的还有一些不报姓名、从外地回家探亲的职工和革命军人。有些工人因上夜班参加不了劳动,但他们烧开水,有的泡上茶送到现场,一碗碗送到劳动人的手里,表示他们的心意。先后参加劳动的共有 6500 人次,他们按居民片组成班组,分段包干,开展了劳动竞赛,不计时间,不计报酬,忘我地积极劳动。小刘庄鲍于里一个海河工程处退休老工人负责维持现场秩序和保卫工作,从始至终天天早来晚走,经常晚上守在工地看管工具。刘庄街一个老人只有一条腿,他用板凳支腿刨土,有人问他为什么这样干,他说:"我从内心高兴,自民国七年在这儿住,下雨蹚水,现在多少年的希望实现了。"社会青年把修路看作为人民服务和锻炼的好机会,自觉遵守时间,服从分配调动,下大雨也没有一人停止劳动,提前完成任务后又积极去支援别人,或另要新任务。

附近的不少工厂、机关也在劳动日组织干部参加修路,甚至远处的工厂也闻风而来。冶金试验厂一位领导干部听爱人说谦德庄修路,发动 40 名职工利用公休日参加劳动。附近的商店不但调整出一部分人力参加劳动,还在生活供应上给予方便。沿路的住户,除了出人劳动外,还开展了"一壶水运动",保证了劳动用水供应。

三、专业部门做好施工组织和技术指导工作

两条道路工程虽属薄层炒油路面,但也有一定的技术要求。为了使群众有秩序地施工,保证质量和安全,区市政工程养护队直接担负了铺炒油路面、汽碾①压路工作,并在群众分工路段和各个工作环节都配备了市政工人和群众一同劳动,同时紧紧抓住了以下工作:

1.根据工程任务和群众的力量,具体分配任务,分段分项向群众交底,完成一项交一项,使群众人人明确工程要求,心中有数。

2.掌握工程进度,根据需要调动人力,做到人少能保证进度,人多有活干,有秩序、不窝工。

---

① 汽碾:也叫"汽碾子",是压路机的一种。用蒸汽发动机做动力机。——编者注

3. 做好群众施工技术指导工作,先由市政工人示范,做出样板,再交给群众干,施工中经常进行检查,发现干活不得法、不安全的就及时帮助改正。做路拱等技术含量较高的活,就由市政工人和群众一起干,先粗后细,边教边干,做到了安全施工,保证了工程质量。

4. 既施工,又照顾四方。两条道路都处于当地的繁华地区,又是人行主道,因此从施工方面采取了交叉流水作业,紧修快干,边施工,边维持好通行秩序,及时清理工料废土,基本上做到了施工、通行、营业三不误。

城市建设委员会

【选自《天津政报》1965 年第 3 期】

天津市 1964 年计划生育工作总结
及 1965 年的工作意见[①]

经 1965 年 2 月 24 日市人民委员会
第六次全体(扩大)会议通过

　　1964 年,我市的计划生育工作,在 1963 年的基础上,本着"政治挂帅,技术保证,移风易俗,自觉自愿,总结经验,扎实前进"的精神,进行了比较深入和比较细致的宣传教育工作,大抓了节育技术质量,党的计划生育政策开始深入人心,从而取得了显著的成绩。

　　1.开始树立起晚婚和计划生育的新风尚。随着宣传教育工作的不断深入,广大职工、群众不仅体会到计划生育是党对群众切身利益的关怀,而且认识到计划生育是关系社会主义建设、社会主义革命的大事情。因而越来越多的人,自觉地实行晚婚和计划生育;社会上出现了亲友相劝、邻里互助促进晚婚和计划生育的新风尚。结婚的对数,1964 年为 12049 对,比 1963 年减少8898 对。市区平均初婚年龄由 1963 年的 25.4 岁提高到 27.1 岁;郊区由1963 年的 21 岁,提高到 23.2 岁。在节制生育方面,累计已有 15 万多人做了节育手术,并有更多的人实行了避孕;市区已生育或新怀孕的人数都比上年度减少了一半左右。

　　2.大幅度降低了人口出生率。全年共出生 106042 人,比 1963 年少生65520 人。出生率由 1963 年的 41.45‰下降到 24.90‰。实现了市委、市人委提出的 25‰左右的设想。市区出生率已下降到 20.52‰,比 1963 年少生53203 人。市内六个区的 85 个街,已有 34 个街在 20‰以下,其中有 7 个街已下降到 15‰以下。郊区因开展较晚,进度较慢,出生率仍高达 39.63‰,但与1963 年的 54.39‰比较,也下降了 24.14％,少生 12317 人。

　　3.节育手术大量增加,手术质量有所提高。全年完成节育手术 105427例,比 1963 年的 33444 例增加了 2.2 倍,并且有了以下变化:(1)人工流产

---

　　①　原文标题为《一九六四年计划生育工作总结及一九六五年的工作意见》。

39413 例,与同期出生人数的比为 1：2.7(1963 年为 1：13),这对大幅度降低人口出生率有重大作用。(2)男性结扎手术为 18802 人,比 1963 年增加了近 4 倍;女性结扎手术为 6997 人,增加了 7％。1963 年结扎手术中女性多于男性,而 1964 年男性则为女性的 3 倍,扭转了节育只是妇女的事情的旧认识。(3)节育环手术达到 40215 例,比 1963 年增加了 3.5 倍多,说明节育环手术简便易行,受到群众欢迎。此外,还培养和锻炼了一批技术熟练的专业节育技术人员。

4. 全市已涌现出大量的计划生育工作先进单位和计划生育工作先进个人,仅受到市级奖励的就有 872 个单位和集体,2099 名先进个人,他们探索出了一些好的经验。全市有 10 多万名思想好、作风正派、热心计划生育工作的积极分子,他们带头响应党的号召,积极地向周围群众进行宣传,特别是街道的大量积极分子,不仅经常入户宣传,代销避孕药物,而且还多方面为实行节育的群众服务,对计划生育的开展起了重要的作用。1964 年全市开展了奖励先进的活动,广泛地总结和交流了计划生育工作的经验,鼓舞了干劲,带动了后进,有力地促进了全市的计划生育工作。

5. 促进了生产,有利于人民生活的安排。全年有几万职工减少了怀孕、生育及照料婴儿的缺勤,更能集中精力从事生产和工作。棉纺一厂 1964 年女工产假比 1963 年减少了 17136 个工作日,等于增添了 56 个劳动力,因此解决了该厂 1964 年增开的 200 台布机和 8000 多个纱锭所需的 42 名工人;同时托儿所收托的婴儿也大为减少,从而抽调出富余的 20 名保育员参加生产。由于减少了出生,城市供应的压力减轻了,产院床位和托儿机构的拥挤现象也缓和了;并直接地使广大职工和人民群众减轻和免除了生育过多的拖累和负担,心情更为愉快,家庭生活得到更好的安排。今后逐步实现了生育计划化,对工农业生产、城市建设、文化教育和人民生活等都必将产生更为深远的影响。

对于能取得较大成绩的原因,主要有以下体会:

1. 只要各级党、政领导重视,各方密切配合,认真贯彻党的政策,充分发动群众,进行细致的思想工作,计划生育和晚婚就能为绝大多数干部和绝大多数群众所接受。实践证明,无论城市和农村,无论任何部门,只要领导重视,工、青、妇、文教、卫生、民政等部门协同一致,这一工作并不难开展,亦不难取得显著效果。

2. 只要持续进行思想工作,计划生育就能成为广大群众的自觉行动。大量的经验一再说明,关键在于思想发动。不论晚婚或节育,都包含了艰巨复杂的思想工作,而且每个人的情况也是不相同的,只要因人而异,针对具体思想把工作做深做细,群众就会自觉自愿地实行晚婚和采取节育措施。

3.建立健全计划生育的各级领导组织,适当配备专、兼职人员,才能坚持经常。一年来,市内各区,从区、街到居民区,都已建立起专门组织,居民中已能做到经常有活动。全市绝大多数部门和单位,配备了专、兼职人员,经常工作有人抓,积极分子有人管,具体问题能够及时解决。这样一套工作系统,对开展工作和坚持经常化具有重大作用。

4.培训和依靠积极分子是做好这项工作的重要一环。积极分子与广大群众有着密切的联系,充分发挥他们的作用,通过他们就可以逐渐把党的计划生育政策变为群众的自觉行动。对于如何充分发挥积极分子的作用,我们感到:一是抓培训,使之懂意义、懂措施、懂工作方法,成为宣传员、工具代销员、避孕指导员、节育服务员;二是抓好经常管理,认真布置检查工作,认真总结交流他们的先进经验,认真解决他们工作中的实际困难问题。

5.加强技术指导,提高手术质量,是顺利开展计划生育工作的保证。一年以来,广大医务人员,深入基层,普及科学知识,完成大量节育手术,对降低人口出生率起了重要的作用。而做好技术工作的关键,一是医务人员的思想革命化,加强政治责任心;二是不断提高手术质量;三是千方百计地便利群众。

我市的计划生育工作,虽然取得了很大的成绩,但与党和群众的要求相比仍然有很大的距离,还存在着不少的问题:

1.松劲情绪有所滋长。当前比较普遍的是有些人抱着"差不多"的思想,有些人觉得生产忙,把计划生育工作放下了;也有少数人觉得"抓起来费劲不小,收效不大",因而放松了领导。计划生育在地区与地区之间、单位与单位之间存在显著的不平衡现象。

2.郊区人口出生率比市区高出一倍,主要是因为工作开展较晚、进度较慢。很多社员对计划生育的重大意义和科学知识还缺乏认识,这对降低全市人口出生率有很大影响。

3.计划生育的宣传工作还存在以下几方面的问题:(1)边缘地区和郊区农村的宣传工作比较薄弱,有的地区和单位尚未开展起来;(2)对于青年晚婚,有些单位只简单地从结婚年龄限制,忽视思想教育工作,因而有些青年还没有做到适龄结婚,少数青年人还抱有抵触情绪;(3)对节育措施有的单位未全面提倡,放松了避孕指导,多子女的妇女继续生育的现象还很严重;(4)部分单位对阶级敌人的造谣、污蔑和破坏活动,缺乏警惕。

4.技术工作还跟不上客观的需要。仍有个别医疗单位不够重视,少数医务人员对节育技术工作不安心,节育手术质量还需进一步提高。

1965年的计划生育工作,根据省、市委的指示,采取有力措施,尽快地把人口增长控制在一个比较合理的水平上,为此,必须继续贯彻"政治挂帅,技术保证,移风易俗,自觉自愿,总结经验,扎实前进"的精神,加强对计划生育的宣传教育和指导工作,力争把全市人口出生率降低到20‰以下。市区降低到17‰以下(在1964年的基础上,再下降15%～20%);郊区降低到25‰左右(比1964年下降35%左右)。为了实现这些要求,必须做好以下工作:

1.提高宣传工作的政策性、思想性和针对性。要区别不同对象,继续开展深入细致的宣传教育工作。在宣传形式上要采取小型多样,严肃、生动,防止庸俗化。各单位应从职工、群众对晚婚和计划生育的实际思想出发,有什么思想问题解决什么思想问题,有什么实际问题解决什么实际问题,以提高思想觉悟,做到自觉自愿。报社、电台、科协、群众艺术馆、卫生教育所、出版社等有关部门要积极开展宣传教育,并提供文字、图片幻灯等宣传材料。文化宫、文化馆、影剧院、俱乐部要使计划生育的宣传阵地活动经常化。

2.抓好技术工作。在1964年工作的基础上,继续加强医务人员的思想教育;固定节育手术人员;改进节育门诊,采取便民措施;做好技术指导和技术人员的培训;做好科研工作,积极提高手术质量,加强科学研究工作,改进节育技术,并努力实现经济、简便、效果好、为群众所乐用的新节育药物。同时,还应从多方面做好妇幼保健及对不妊症的治疗,以促进计划生育的开展。

3.市内各区、各系统、各单位应结合中心工作继续抓好计划生育工作。重点是:

(1)把多胎生育的比重降下来。根据典型调查和统计,1964年多胎生育占生育总数的一半以上。市内6个区18个街的孕妇调查,其中三胎以上的占63%,这就严重影响了出生率的大幅度下降。为此,必须做好多子女群众的思想工作,切实加强避孕指导,使其自觉地采取节育措施。

(2)提高适龄结婚率。1964年市区不适龄结婚的占相当大的比重,这对于降低人口出生率和青年革命化有很大影响。所以,各级组织必须把适龄结婚作为对青年进行思想教育的一个重要内容,但在工作中要实事求是,晚婚是提倡适龄结婚,不是越晚越好,关键在于提高思想觉悟,使其自觉地晚恋爱、晚结婚,专心致志学好本领,做红色接班人。

(3)各单位认真抓好积极分子的工作。采取各种方式进行培训和复训,提高他们的科学知识,帮助他们改进工作方法。

4.鉴于当前郊区人口出生率仍很高,计划生育工作开展较晚,需要把郊区的计划生育工作狠抓上去。

(1)建立和健全各社、队的计划生育组织。要求有一位领导干部亲自抓,不断总结经验,指导工作的开展。

(2)加强对计划生育工作队的领导和政治思想工作,积极配齐人员,要求大部分人员能独立做节育手术。大力开展避孕指导和节育手术,提高手术质量,进一步便利群众。

(3)切实培训出一批成分好、作风正派、热心这项工作的积极分子,充分发挥他们的骨干作用。

(4)大张旗鼓开展宣传活动,全面地讲意义和措施,做到家喻户晓,人尽皆知,并防止简单生硬。

计划生育工作是一项长期性的任务,未婚青年陆续要结婚,结了婚要生孩子,生孩子就需要有计划。情况在不断变化,工作必须适时地跟上。各区、各系统、各单位应该在 1964 年的基础上,制订 1965 年的工作计划,为总结经验,大力组织小型、专题、多样的经验交流;号召先进单位要向经常化、高标准发展,后进单位要很快赶上来。同时,工会、共青团、妇联、文教、卫生、民政、科协、公安、劳动等有关部门还必须密切配合,共同努力,才能取得更好的成绩,才能更快地把人口出生率控制在一个比较合理的水平上。

【选自《天津政报》1965 年第 4 期】

天津市河北区何兴庄街信访工作经验①

信访工作是密切党和政府同广大众民群众的联系,贯彻执行党的群众路线的一个极为重要的方面。我街在处理人民来信来访工作中,按照上级的指示,贯彻了"领导负责,大家动手,多办少推,经常研究"的精神,并经常教育干部和积极分子严格遵守政策法令,注意改进工作方法和工作作风,基本上做到了案件不积压,矛盾不上交,尽可能地将问题解决在最基层,消灭在萌芽期。因此,近年来我街的群众信访案件,特别是走访市、区领导机关的大大减少。1964 年我街共有信访案件 82 起,其中:市转的有 1 起,占全年案件总数的 1.22%;区转的 8 起,占全年案件总数的 9.75%。在加强信访工作中,主要抓住了以下几个环节。

一、加强干部教育和政策学习,不断提高干部的政策水平和思想水平,改进工作作风,注意工作方法,是减少群众信访案件的根本方面。由于我们在布置各项工作前,都事先提出工作方法和在执行任务中应注意的问题,以防止和减少工作中的偏差,并经常不断地组织干部学习上级有关信访工作的指示、规定和兄弟单位的经验教训,所以,大多数干部对信访工作的重要性都有一定程度的认识,在实际工作中能主动承担任务,积极处理案件,初步形成了一个人人动手、个个关心的局面。

在这项工作中,我们也曾有过许多教训。过去,在干部以及少数领导干部中,对此也认识不足,许多同志在处理问题时,方法简单,不负责任,表现出"我就是这样处理,你有意见爱上哪儿去就上哪儿去"的思想。针对这种思想,我们主要采取了抓活的思想教育的方法,提高干部的认识。如 1964 年初,卫材东里许多代表向下片干部反映,一个保洁员群众关系不好,要求撤换,干部未经深入了解,就把她撤掉了;她因生活困难质问干部,在争执中干部说:"我就这么办了,你有意见到区里去反映吧!"这引起了她的不满,她当日就去区人委反映。以后经过调查,发现她的生活确实困难,但对工作还是负责任的,主要

---

① 原文标题为《树立全局观点 主动抢挑重担》。

是态度不好,因此将她与别的片的保洁员对调了工作,并指出其缺点,她本人也很满意。我们就抓住这一典型事例,利用生活会在干部中反复进行教育,使大家认识到许多问题是可以解决的,是不需要给领导机关找麻烦的,但往往由于感情用事或工作方法简单,给党和政府造成了坏影响。从此,再也听不到"我就这么办,你爱上哪儿就上哪儿去"这句话了。

二、坚持经常,加强领导,将信访工作列入日常工作的议事日程。我街建立了案件登记制度和案件处理制度。基本上做到了手续不乱,处理及时。人民来信登记后均经主任审查。处理时间上规定:一般案件7天内处理完毕;遇有问题需要调查的,一般不超过一旬;急件及时处理;至迟不过3天;上级转来的案件,一般在四五天内办理结束;在每周的干部碰头会上都要汇报和研究信访工作。这样就让信访工作达到经常化了。

为了更好地了解群众的意见和要求,领导干部还定期地接待群众来访。街主任定于每日上午7时至8时为固定的群众接待时间。在信访工作上,领导亲自挂帅,干部分工明确,内勤具体负责,下片干部分片包干,居民委员会层层负责,这就形成了一个人人抓信访工作的工作网。

三、耳目灵活,情报及时,解决迅速,将问题尽快地消灭在萌芽期,力争主动。由于街干部和积极分子在日常工作中随时注意群众思想动态和意见要求,发现问题主动解决,因此往往问题刚刚露出苗头就及时得到解决。如:工农村地区因无下水道,每当雨季积水很多,群众有意见。当时居民委员会也认为这个问题街里无力解决。结果在1964年某日,由几名积极分子代表群众去区有关部门反映,途中遇见内勤干部张日凤同志,张了解情况后,向他们做了解释,主动承揽了这个任务,并保证及时解决这个问题,将大家迎了回来。街办事处立即与有关人员进行研究,确定首先利用干部劳动先挖一条明沟,使积水及时排出;然后进一步与区有关部门联系,采取民办公助的办法,由街干部带头劳动,发动群众自力更生修建了下水道,问题及时解决了,群众很受感动。

四、树立全局观点,以对革命负责、对群众负责的态度,积极处理一切力所能及的问题。如我街有14个居民原为轧钢三厂职工,1961年被精简后经常到厂要求恢复工作,给厂造成很大负担。去年国庆前夕,这些人员推选了代表准备去京请愿。街党委经过研究,认为只有彻底解决问题才能防止闹事,就主动将这一案件揽了过来。首先向轧钢三厂问明了详细经过,然后召开了这些人员的座谈会,说明这个问题由街解决,要求他们不要去京。会后,又深入群众调查了解,对每个人的思想情况和经济情况进行分析,由街党委召集有关人员分析问题的性质,确定这是一件属于人民内部矛盾性质的案件,必须妥善处理。并决定采取积极分子扎根串联的方法,区别不同情况,耐心进行教育,交代政策,指明方向;对其中组织者也适当地提出了批评。在一番深入细致的政治思想工作后,又召开了座谈会,会上由街党委书记讲明了当前国内的经济形势以及国家的劳动政策,首先肯定了轧钢三厂当时的精简工作完全符合政策,作为一个职工和职工家属应该积极拥护和模范遵守国家的政策法令,并且表扬了他们当时积极响应党的号召的模范行动;同时,也指出了无理取闹的危害性以及如何正确处理这一问题的方向。随后,街主任向大家表明态度,为照顾生活,允许在适当条件下给予合理安排;对其中个别生活困难户,答应给以救济和提前安排她们子女就业。当时与会人员一致表示满意,感谢党和政府的关怀,有的还当场检讨了自己的错误。一场几年未息的风波,终于平静了。

五、在日常工作中注意掌握重点,解决关键,也是减少信访案件的有效措施。我们将烈军属、孤老户、失业职工和经常爱走访上级机关的人列为重点,经常注意他们的动向,关心他们的生活,帮助他们解决困难。如组织暂时不能就业、家庭生活困难的人员成立钢铁收拣组,维持他们的生活。又如,就业安置问题是日常工作中最让人"挠头"的问题,往往一个解决不好就是一大片意见。为了解决这一关键,经多次研究,采取了登记排号和民主评议相结合的方法,根据每个人的家庭经济情况,由居民委员会组织民主评议,然后由街按顺序进行分配。这样就基本上解决了就业分配的矛盾。

六、加强部门间的协作,及时沟通情况,互通情报。我地区的街、所、妇、团等部门,经常主动联系和互通情报,相互关注,密切协作,这也是做到耳目灵活、反应迅速的重要原因。

此外,加强请求报告,注意工作方法,也是做好信访工作的重要问题。我们在处理信访案件时,遇有重大问题都事先向上级请示报告;遇有不能马上解决的问题,就及时向反映人说明情由,征求对方意见,以免矛盾上交;遇有干部和群众"顶牛"的问题时,尽量采取领导出面或另派别人处理的方法,以免出现僵局和被动。

中共河北区何兴庄街委员会

河北区何兴庄街道办事处

【选自《天津政报》1965 年第 12 期】

天津市西门南街三道桥居民委员会
组织教育学龄前儿童①

　　学龄前儿童的组织教育,是一项新的工作。它对于培养学龄前儿童德育、智育、体育的全面发展,对支持生产建设新高潮都会起到好的作用。从南开区西门南街三道桥居民委员会在这方面所做的工作看,效果是不错的。我们认为,这是大好事,有条件的地方都可以试办,因为它既不用国家开支,又不使家长经济负担过大,这种自力更生、依靠群众自办的做法值得提倡。

　　现将三道桥居民委员会的做法刊出,供各区、街参考。

　　南开区西门南街三道桥居民委员会的学龄前儿童很多,4 至 7 岁的有 253 名,其中双职工的孩子就有 124 名。有些家庭因孩子过多管教不过来,孩子成天在马路上玩耍打闹,追扒车辆,随地大小便,打架骂街,不懂礼貌,甚至沾染了一些坏习气。这样,不仅不能使孩子们健康地成长,而且也影响环境卫生和交通安全,使有些双职工因孩子无人看管,生产与工作不能安心。

　　针对上述情况,西门南街办事处、派出所、妇联和南开区交通民警中队在街党委的领导下,着手对学龄前儿童进行了组织教育工作。具体做法是:

　　1. 依靠党委的领导,各部门统一思想认识,统一步调,成立专门班子,共同解决这一问题。工作开始,街道党委召开了有关部门负责人会议,对组织教育散居儿童问题做了具体研究与安排。为加强这个试点的领导,成立了核心领导小组,由街、所和妇联的负责人分别担任正副组长。接着又召开了居民委员会主任委员会议,传达了党委的指示与安排,经过讨论,大多数人表示愿意搞好这一工作,少数人还存在着种种畏难情绪。他们怕组织不起来,怕没地点,怕没人教育,怕巩固不下去,等等。针对这些思想问题,又反复说明了教育儿童的重要意义,使他们逐步认识到,组织和教育好散居儿童,不仅是管好孩子的问题,最重要的是同资产阶级争夺第二代的问题,是培养共产主义红色接班

---

　　①　原文标题为《西门南街三道桥居民委员会组织教育学龄前儿童》。

人的问题。思想问题解决后,委员会抽出 28 名主任、委员组成了宣传和检查两个小组,由居民主任、治保主任和妇代会主任分别任正副组长,由委员及青年任组员。并把全委员会划成 14 个片,向广大居民群众进行宣传动员。这个做法立即受到了儿童家长的支持和欢迎,他们积极为自己的孩子报名参加幼儿队学习,从而把 200 多名散居的儿童组织了起来。

2.解决师资问题和明确教育内容。散居儿童组织起来后,分为 4 个班学习,已用教师 11 名。在挑选义务教师方面,一般掌握以下几个条件:家庭出身好、思想品德好、有一定的文化水平、热爱儿童教育工作。目前多数教师在工作上表现较好,出现了很多关心儿童生活及其成长的好人好事。但少数教师的思想也不是一开始就通的。有的人担心自己没有教育孩子的能力和经验,存在"孩子们不听说,打架又怎么办""教什么,怎么教"等疑问。针对这些思想问题,领导小组做了三项工作:一是进行思想教育,提高认识,使他们知道为什么要组织和教育散居儿童,增强信心,端正态度;二是给本钱,请南开区第四幼儿园主任辅导,教给他们教育方法;三是采用边干边学边改正缺点的办法,干中学,学中干。通过上述工作,教师们思想认识普遍提高,干劲很足,情绪很高,纷纷表示决心干好这一工作。

教育内容主要是根据散居儿童的特点,进行初步的国际主义、爱国主义和共产主义教育,每周进行以下几种教育活动:(1)劳动课,讲劳动意义并结合实际搞卫生等。(2)上文化课,学简单数字、看小人书等;当前主要讲美帝侵越以及越南人民抗美斗争的英雄事迹等。(3)开展文艺活动,演幻灯、舞蹈、教唱红色歌曲、下棋等。(4)讲革命道理,讲革命故事。此外,每周还有安全教育课。

3.依靠居民群众及当地学校的支持。为了丰富孩子们的活动内容,南大道小学给了很大的支持,不仅借了很多图书,定期演幻灯,借地点教练小民兵、唱革命歌曲,还派了几名教师和学生帮助开展活动。居民群众除了在教学地点上积极给予支持外,在帮助照管孩子和供给孩子们喝水等方面,也都给了很大支持。有些群众和积极分子,主动为义务教师做饭,使教师们抽出更多的时间从事儿童教育工作。

4.建立各项必要的制度,保证工作正常开展。街核心领导小组每月进行一次检查,研究部署下一阶段的工作;居民委员会定期向核心领导小组汇报;居委会的主任委员轮流每天下去检查,发现活动得不好或其他问题就及时研究解决;义务教师还有集体研究工作、定期备课的制度。这样就保证了学龄前儿童教育工作的正常开展,教学质量不断提高。

从这段工作中体会到组织教育散居儿童有以下几个好处:

1. 使广大的孩子家长能够安心生产和工作,有利于支持工农业生产新高潮。幼儿队的李顺新和李春义的家长(双职工)找到义务教师说:"两个孩子有你们安排,我们两人上班再也不会迟到,再也不会为孩子请假了。"贾金旭的父亲在写给街道的感谢信中说:"我的 4 个孩子,3 个都在幼儿队,现在他们都懂得了礼貌,知道了讲卫生,我只有在生产上做出更大的成绩来感谢党的关怀。"

2. 培养孩子热爱集体、遵守纪律的思想品德。如有个叫郑金茹的 6 岁孩子,为了按时参加学习,说什么也不跟他奶奶去串亲戚,他奶奶说:"你去了以后给你吃肉。"这个孩子说:"我不能在学习上迟到。"结果还是参加了集体活动。过去马路上一群一伙的孩子在玩耍,组织起来后这种现象大大减少,有效地减少了交通事故,保证了生产运输。

3. 使孩子们在德育、智育、体育等方面得到了全面的发展。通过讲时事,孩子们懂得了全世界革命人民的共同敌人是美帝国主义;练"小民兵"不仅有利于孩子们的身体健康,也使他们在思想上深深扎下保卫祖国的根子;通过对孩子们进行共产主义道德品质的教育,孩子们懂得了礼貌,拾到了东西都自动交公,初步统计已拾到人民币、工业证、手巾等 20 多件;通过讲革命道理,讲述南开公园的来历,他们懂得了新社会比旧社会好。

4. 密切了党和群众的关系,增强了群众间的团结,体现了新社会的优越性。义务教师对孩子们照顾很周到,给孩子们洗衣服、梳头、剪指甲和照顾孩子休息等;不少已退休的老工人和老大娘很关心孩子健康成长,帮助照看孩子;家长们不仅感谢他们,更万分地感谢党和毛主席。他们说:"如果不是新社会,不是共产党领导的国家,我们工人的孩子谁管? 真是'劳动人民是一家',今天我们只有好好劳动,多生产来报答党、报答今天的政府。"

由于三道桥居民委员会的 200 多名儿童能按时参加集体活动,活动内容又比较丰富,因而南台子和其他居民委员会一些家长都带着孩子要求参加。如有一次南台子委员会有 20 多个孩子拿着板凳偷偷地来参加学习,当老师们说不能收留时,这些孩子们说:"你们不教,我们在旁边听;你们唱,我们也唱。"

总的看来,组织和教育散居的学龄前儿童的成绩是肯定的,但在活动地点、师资来源、教育内容、教育质量,以及了解和掌握每个儿童的特点及情况等方面,都有一些问题需要继续研究解决。

【选自《天津政报》1965 年第 12 期】

天津市人民委员会批转市民政局《关于组织残废人参加服务队和分散生产的报告》①

委秘〔1965〕字 92 号

市内各区人民委员会：

　　市人民委员会同意《民政局关于组织残废人参加服务队和街道居民加工生产的报告》，现转发给你们，请你们认真研究，积极做好工作，对于一些严重残废确定不能安置的，由民政部门按制度安排其生活。

关于组织残废人参加服务队和街道居民加工生产的报告

　　我市残废人参加生产劳动的问题，过去民政局通过福利生产单位，安排了一部分盲、聋哑人，但肢体残废人员的问题近几年来没有解决，因而来信来访要求就业的人逐渐增多，矛盾突显出来。去年我们重点调查了 7 个街残废人的情况，这 7 个街共有青壮年残废人 124 人，占总人口的 0.43‰。估计市内 6 个区约有青壮年残废人 1300 余人。对这些人，过去我们安排正式工作的多，因之限于客观条件，一直未能得到解决。最近各区有试点组织服务队和整顿街道居民加工生产时，安置了一部分残废人员，效果很好，我们认为这是一个方向。河北区的小关、黄纬路，红桥区的河北大街 3 个街办事处先后通过服务队和加工生产，安排了 23 个残废人，基本解决了本街残废人要求工作的问题。他们的做法是：首先对本街残废人员的体力条件和生活情况进行摸底排队；然后根据他们的条件分别组织参加服务队和加工生产。河北大街、黄纬路这两个街以组织参加服务队为主，小关街以组织参加街道加工生产为主。在生产劳动中对残废人员尽可能地给予照顾，河北大街为了保证残废人经常有活干，在服务队减人时尽量不减残废人员；小关街把加工生产中残废人能做的精纸

---

　　①　原文标题为《市人民委员会批转市民政局关于组织残废人参加服务队和分散生产的报告》。

袋、药材加工等,尽量安排残废人做,保证残废人能经常参加劳动生产。

第三个街安排残废人生产劳动后,已经收到很好的效果,经常找街要工作,给街、市、区写信的没有了;残废人参加生产劳动后,生活有了保证,家庭和社会地位提高了,因而进一步调动了他们的积极性,一般都能安心生产、积极劳动,有的当了服务队的小组长,受到了用人单位的赞扬。

根据以上情况,对今后组织残废人参加生产劳动的问题提出以下意见:

1.残废人参加生产劳动的出路,主要是:通过组织参加服务队和街道居民加工生产加以解决。区、街服务队和加工生产管理站,都应把残废人作为吸收的对象,并当作一项任务逐步完成。

2.组织残废人参加生产劳动,采取就地解决的办法,一般应当是住在哪个街,就由哪个街办事处安置和解决。

3.对残废人的安置,要根据本人的具体情况逐步解决。首先解决有劳动条件、生活又有困难的人。

4.对这一工作,各区人委要加强领导,市民政局、劳动局结合本身业务加强指导,逐步做好对残废人的安置工作。

以上报告如果可以,请批转各区人委执行。

天津市民政局

1965 年 5 月 22 日

【选自《天津政报》1965 年第 12 期】

天津市河北区切实发挥街道工作的后勤作用①

为了使街道工作适应新的形势,使它落实到支援生产建设、安排好群众生活上,黄纬路街根据去年区长会议精神,狠抓了以下几项工作。

(一)认真发动群众,搞好居民加工生产

这个街的分散加工生产,是去年 7 月街社体制调整后从鸿顺里公社分出来的。当时参加生产的居民有 500 多人,加工品种 8 种。去年第四季度虽然做过一些整顿,但仍存在一些问题,主要是:业务门路窄,产品质量差,管理制度不健全,提取管理费过高,管理人员工资制度不合理,等等。

为了解决这些问题,该街狠抓政治思想教育,深入宣传市人委《关于加工生产、生活服务管理办法》(试行草案),提高参加生产人员的觉悟和积极性,开展了“一帮一,一对红”的竞赛活动;加强了生产技术指导,健全了产品质量检验制度,提高了产品质量;采用“四勤”方法,勤听、勤看、勤跑、勤问,不嫌麻烦,广寻门路,扩大业务;并逐步健全了生产组织,改进了管理。从而使加工生产获得了大幅度的发展。加工收益由去年每月平均 15000 余元,上升到现在的 24000 余元,提高了 60%;生产人员由 540 人已发展到 1200 余人,增加了一倍以上。随着生产的发展,生产人员和管理人员的收入有了提高。全街有劳动力的社会救济户、困难户、烈军属和一些社会闲散人口基本上都参加了生产。

(二)试办了生活服务项目,为生产服务,为居民生活服务

在生产新高潮的形势下,广大职工把全部精力投入了生产,他们的家务需要帮助照顾;某些工厂职工生活福利方面的困难,也需要街道帮助解决。在这种情况下,该街试办了各种生活服务项目:

1. 根据工厂需要,建立了 7 个存车服务处,存车 800 余辆。存车处都设在工厂附近,每月由工厂拿出一部分钱来,作为看车人员的生活补贴,每人每月最高不超过 15 元。举办存车服务处以后,有效地支援了生产,如光荣织带厂,

---

① 本文根据河北区黄纬路在街道工作会议上的发言和有关材料整理。原文标题为《发动群众,为生产建设和群众生活服务,切实发挥街道工作的后勤作用》。

厂房窄小，原来职工的自行车在院里放着，有时挤得连走路都很困难，影响生产安全，影响货物装卸，而且自行车被风吹日晒，职工还担心惦记。现在，自行车放在门口的车棚子里，为生产创造了好的条件。同时，还给当地房小人多、晚上睡觉时放不下自行车的职工存车，使职工很满意。

2. 根据工厂和部分双职工的要求，办起了 13 支幼儿队，现收托幼儿 450 余名。每个儿童每月交费八角钱，此项费用一部分用于购置玩具、教具，一部分作为保教人员的生活补贴。幼儿队每天活动 8 小时，按时进行晨检、游园、唱歌、做操、做游戏、讲故事、教识字、排演舞蹈等。幼儿队办起来后，不仅培养了儿童热爱集体、遵守纪律的思想品德，加强了德育、智育、体育教育；解决了家中有孩子无人照管的双职工的困难，支援了生产；还减少了胡同、院落的吵闹声音，对维护交通秩序也有好处。

3. 根据部分双职工提出的拆拆洗洗有困难的需求，办起了 17 个拆洗缝补服务组。拆洗衣服的价格比丙级洗染店低 30％～50％。服务人员定期到双职工、单身职工家中去访问、敛活，解决了他们没有时间拆洗衣服或不会拆洗衣服等方面的困难。

4. 试办了 5 个互助伙房，有的职工三班倒，下班的时间和吃饭的时间凑合不上，或者职工去上班了，家里的孩子吃饭有困难，伙房负责加工主食（只收煤火费，每加工一斤面食收费三分，蒸饭收费两分），双职工们只要在上班前把米、面拿出来，下班后自己不动手，就能吃到热腾腾的米饭、馒头或捞面，保证了职工的休息时间，双职工家中的老人、小孩吃饭也不发愁了。因此，许多双职工说："别看伙房小，能解决大问题。"

5. 根据双职工下班后喝水和洗脸用热水的需要，举办了 4 个热水站。有的和存车处设在一起，有的设在互助伙房内，每壶水只收一分钱，根据要求，送水上门。

6. 有的双职工家里有了病人需要照顾，就举办了两个护理小组。可以按时到患者家中去料理家务，如扫屋子、倒便桶、生炉子、买菜、做饭和一般护理工作，使职工不致因此而请假缺勤。

除以上几项外，该街还广泛发动群众组织了"生产后勤互助员"，开展了院包院、户包户的团结互助活动，帮助双职工承担生活琐事。"生产后勤互助员"一人包几户，甚至包几院，给双职工倒脏土、买菜、生炉子、灌开水，或自己提前做饭给他们留出炉子等，为双职工解决了生活中的实际困难，从而支援了生产建设。

（三）积极组织劳动服务队和劳动后备讲习所

根据红桥区河北大街的经验,将 25 岁以上的闲散劳动力组织起来建立了劳动服务队,本着"低工资、多安排"的原则,吸收了 268 人参加服务队,目前分别为 19 个工厂、企业单位参加辅助性和临时性的劳动,既安排了一些社会闲散劳动力,又有力地支持了生产。

在区人委的帮助下,还试办了劳动后备讲习所,将 25 岁以下的社会青年组织起来,现已吸收了 259 人。设立了瓦、木、水暖、电工、医士、助产、会计、保教人员等 8 个班。既听课实习,也参加本工种之外的劳动,劳动一次,发四角至八角津贴。半个月劳动,半个月学习政治和技术。加强了政治思想教育,为上山下乡打下基础。

这个街半年来的实践证明,组织居民为生产建设和群众生活服务的好处很多。

1.组织闲散居民参加劳动服务工作,使他们成为有组织的劳动大军,由消费者变为生产者,直接地和间接地支持了生产。全街目前参加各项生产劳动的已有 1900 余人,占全街闲散劳动力和半闲散劳动力的 80%,这些人大都是家庭妇女,组织前只是照看孩子,操持家务,很少参加社会活动。组织起来以后,他们除了搞好家务劳动和参加力所能及的生产劳动外,还积极地参加各种学习和社会活动,既服务生产,便于教育,也有利于党的各项方针政策和行政工作的贯彻执行。同时,也解决了社会闲散劳动力,包括残废人员的安置问题,安定了他们的生活。

2.通过组织生产和生活服务,进一步密切了党、政府与人民群众的关系。把闲散劳动力组织起来参加劳动,不仅支持了生产,改善了生活,而且通过组织生活服务项目,使双职工和烈军属、孤老户的家务琐事和生活问题得到了妥善的解决。因此,他们对党和政府更加热爱,许多职工和家属纷纷来信,送大字报表扬,他们说:"新社会给劳动人民带来了无限温暖,这都得感谢毛主席。"许多职工纷纷表示,要好好学习毛主席著作,用搞好生产的实际行动,来报答党和政府的关怀。

3.通过生产劳动增加了居民收入,减少了国家救济金的开支。组织生产和服务性劳动中,优先安排了生活困难的职工家属和社会救济户,增加了他们的收入,改善了生活,减轻了国家负担。仅就第二季度与去年同期进行比较,救济金减少了 48.2%。

4.通过组织起来增强了邻里团结,改变了人们的精神面貌。组织起来参加生产劳动,便于组织学习和开展多种多样的互助活动,增强了居民之间的团结;过去由于打架而长期不说话的人,也言归于好了。

5.加强了对四类分子的监督改造,有利于巩固人民民主专政。在组织劳动的工作中,对有劳动能力的四类分子根据条件也进行了安排,交群众监督劳动改造,变消极因素为积极因素。这样,既给予了他们生活出路,又有利于巩固人民民主专政。

在加强加工生产管理和组织职工家属、居民群众为生产建设、为群众生活服务的各项工作中,这个街的做法有以下几点。

(一)切实加强领导

首先,遵照市、区委和市、区人委的指示,对于如何组织职工家属和居民群众为生产建设和群众生活服务的问题,街党委进行了多次研究。认真学习了市人委《关于加工生产、生活服务管理办法(试行草案)》和有关文件,统一了思想,制订了行动计划。同时,在调查摸底、发动群众、制订办法制度的各个过程中,街党委都听取了汇报,研究了一些具体方案,加强了具体领导。因而,保证了这一工作的顺利开展。

其次,街党委通过研究,认识到为生产新高潮服务,不仅在新形势下需要这样做,而且也是街道工作长远的方向性的问题。为了在实践中做到"有所发现,有所发明,有所创造,有所前进",经研究确定以办事处为主,妇联紧密配合,书记、主任亲自带队,抽调强有力的干部,在区人委和兄弟街的帮助下组成工作组,深入下去,采取打歼灭战的方式,搜集情况,调查研究,以点带面开展为生产新高潮服务的各项活动。

(二)深入摸底,调查研究

在加工生产降低管理费提取比例、管理人员由固定工资改为提成工资的过程中,采取了边了解情况,边查找资料,边测算,边座谈的方法进行调查研究。摸清了建站以来的加工生产变化情况和当前管理人员的思想情况,进行了综合分析,从实际情况出发,制订了降低管理费比例和改变工资形式的具体方案。

在试办街道生活服务组织的过程中,召开了本街辖区内16个工厂负责人的座谈会,有的直接去厂了解情况,听取他们的意见、要求,分析他们的实际困难。对于双职工和单身职工,通过发信征求意见、入户访问、召开座谈会等形式,对他们工作的单位、地址、班次、公休日,家庭人口、衣、食、孩子的安排情况,进行了全面的调查和分析,从中发现他们的实际困难,根据街道的实际可能,确定举办各项生活服务组织。

在组织服务队的过程中,不但摸清了闲散劳动力的底数,也摸清了工厂、企业对劳动力的实际需要。根据任务和闲散劳动力的实际情况安排人,分配任务去工厂服务。

（三）突出政治,深入发动群众

经过调查研究,发现了许多为生产建设和群众生活服务的新课题。而解决这些问题,必须依靠群众、发动群众。另一方面群众有为社会主义建设出力的强烈要求,特别是通过学习"二十三条"和周总理的《政府工作报告》,这种要求更是迫不及待。在这个基础上,更必须突出政治,用毛主席思想挂帅,深入发动群众,把生产新高潮的形势讲给群众,把政策交给群众。组织群众带着这个问题学习毛主席的《为人民服务》《纪念白求恩》《愚公移山》和《关心群众生活,注意工作方法》等文章,使群众的热情更加高涨,积极主动地参加生产和生活服务活动。

（四）正确贯彻执行政策,注意以往经验

在试办生活服务和组织劳动生产的工作中,坚持既要深入广泛发动群众,大胆试验,又必须认真贯彻执行党的方针政策,同时,还注意研究了以往的工作经验。重视了事事有调查依据,各项工作有群众基础,因此,整个工作开展得扎实、迅速,并且得以巩固。工作中自始至终贯彻了"从实际出发,根据需要与可能,发动群众,坚持自愿,自己动手,因地制宜"的方针。在试办生活服务时,贯彻了"义务为主,少量报酬,互助互利"的精神,既搞好生活服务,又不搞企业化,既要多种多样,解决问题,又不与商业争业务。在组织劳动服务队和整顿加工生产等工作中,认真贯彻了"低工资,多安排"的原则,按照《关于居民加工生产、生活服务管理办法（试行草案）》的各项规定,认真办事,因此,做到了把生活服务、组织生产劳动办好,又符合政策。

经过学习主席著作,街道积极分子和居民的社会主义积极性提高了,有些人牺牲自己的家务劳动时间参加服务工作,有的主动拿出某些财物支援为生产建设和群众生活服务的事业。对于群众的这种热情,必须十分爱护,审慎处理,既要认真贯彻执行政策,又要防止泼冷水。我们在工作过程中,除注意安排群众的活动时间外,对于群众捐献财务的办法是:(1)不号召捐献;(2)主动捐献的,口头鼓励后婉言谢绝;(3)已经捐献,原主确实自愿而又关置无用的,折价购买,原主需用一律退还。

(五)提高政治警惕,加强阶级观点,注意防止敌人破坏

组织职工家属和居民群众的生产建设和群众生活服务,不但有阶级斗争,也有新风尚与旧思想的斗争。因此,必须提高政治警惕,加强阶级分析。如在仁寿里搭盖车棚时,一个地主家庭出身的居民出头进行阻拦,并串联"居民"进行干涉,声称"拆违章是你们,盖违章也是你们,盖上后死了人连棺材也抬不出来"等,企图混淆政策,造谣污蔑,从中破坏。一个被撤职的前居委会主任也在幕后策划,扬言"只要大家齐了心,谁也盖不了"。街道干部与坏人针锋相对,发动群众阐述了政策,讲明了道理,得到了群众拥护,孤立了坏人,取得了胜利。

(六)建立健全管理制度

一个单位的巩固和发展,一个新事物的成长和壮大,必须逐步建立必要的管理制度,而且必须从实际出发,从群众中来,然后再到群众中去,才能行之有效。如分散加工生产,通过降低管理费提取比例和改变非生产人员的工资形式(非生产人员的收入,有的仍然高一些,正在采取措施调低),大家关心了集体,在这种情况下,发动群众建立了质量检验制度,调整了生产组织,健全了民主管理委员会和财务管理制度,从而推动了加工生产不断发展。

从以上可以看到,在市、区领导的具体帮助下,黄纬路街取得了一些成绩。但也应该注意,这是一项新工作,一定会有许多新问题还没有被认识到,在实际工作中也会存在着许多缺点,今后还必须高举毛泽东思想伟大红旗,继续在实践中认识问题,克服缺点,解决问题,并且很好地学习兄弟单位的经验,使为生产建设服务的各项工作更加巩固,更加扎实地推进。

【选自《天津政报》1965 年第 17 期】

天津市河西区尖山街对居民参加劳动问题的调查分析①

组织社会闲散劳动力参加劳动,是一项政策性很强的工作,工作过程中必然会遇到不少问题,希各区多做些调查研究,注意总结经验,保证这一工作稳步前进。

河西区在尖山街红昇里居民委员会做了调查,这个居民区共有 455 户,2198 人。26 岁至 45 岁的女劳力有 123 人,26 岁至 55 岁的男劳力有 6 人,共计 129 人。其中有 21 人已参加了服务队,13 人参加了分散生产,15 人参加了生活服务;尚有 80 人没有参加社会劳动。这些人由于出生和经济状况不同,对参加劳动有三种不同的态度。

1. 要求参加劳动的有 73 人,其中包括职工、干部家属 61 人,退职职工 10 人,劳改释放犯 1 人,有残疾的半劳动力 1 人;多是生活比较困难的劳动人民出身的居民。也有的平时生活比较紧,一遇事就欠债,他们愿参加劳动支援社会主义建设,增加收入,补助生活。如李淑英,女,37 岁,出身于城市贫民家庭,有 5 个孩子,最大的 13 岁,最小的 3 岁,全家七口,每月收入 95 元,遇有疾病,就拉亏空。这次组织劳动,她要求十分迫切。

2. 对参加劳动抱犹豫态度的有 32 人。多是生活不困难(每月每人平均生活费在 15 元以上)的劳动妇女,他们对参加劳动为社会主义建设贡献力量感到光荣,愿参加劳动,增加些收入,进一步改善生活,但他们不参加劳动吃饭,而且家里有老有小,家务较多。如董志敏,女,33 岁,出身于贫农家庭,现任妇代会妇女委员,全家九口人,每月收入 180 元。爱人、公公是职工,还有婆母和 5 个孩子,学习街道工作会议文件后,思想波动很大,愿参加生产劳动为社会主义建设出把力,但她的家务较重,经过较长时间考虑,表示参加生产劳动也可,不参加也可。

3. 不愿参加劳动的有 24 人,这部分人多是生活较富裕(平均每人每月生

---

① 原文标题为《河西区尖山街对居民参加劳动问题的调查分析》。

活费在 20 元以上)和家务负担很重的。如一个出身于资产阶级家庭的妇女,曾任过教员,爱人月薪 98 元,有 2 个孩子,从不参加街道活动。这次给她讲了市、区街道工作会议的精神后,态度仍十分冷漠。

据此,该区就组织居民参加劳动问题提出一些意见:

1.关于组织参加生产和生活服务的对象。组织居民参加生产劳动,首先安排生活困难户(包括四类分子)、盲、聋、哑、残人员,退职人员和跑区、跑市、跑中央的那些没得到安排的闲散劳动力。只要这些人得到了安排,管理好城市,支持生产,安排好生活,就会收到明显的效果。

在组织劳动的过程中,要向广大居民讲清:家务劳动和街道上的其他一切工作,都是社会主义建设必不可缺少的工作,做好这些工作都是支持社会主义建设,都是光荣的。防止给那些没有参加生产和生活服务的人,造成一种不光彩的想法,使他们背上思想包袱。同时,也要防止有些生活富裕、家务重,不愿参加或没条件参加社会劳动的人,由于怕别人说自己不积极、不愿劳动等,而勉强参加。

2.对"人人有事做,人人有活干"的理解问题。不能把这个提法机械地理解为,必须是全部居民参加了服务队、分散生产、生活服务。有些职工家属,家中有老人,有几个孩子,有吃饭、穿衣等大量的家务劳动,而生活又不困难,他们参加家务劳动就是有事做、有活干。有的生活较富裕而又积极做街道工作或为双职工服务,也是有事做,有活干。"人人有事做,人人有活干"的提法,目的是要把广大居民的积极性调动起来,参加学习,了解国家大事,做些力所能及的事,直接或间接地支持社会主义建设,并解决那些闲散人员的生活困难和就业问题。

3.当前在组织居民参加劳动中,要抓好对居民的政治思想教育、闲散劳动力摸底,以及生产门路和产品质量等工作。

【选自《天津政报》1965 年第 22 期】

1966

天津市人民委员会关于居民委员会
不单设办公用房等问题的批复

委秘〔1966〕字 4 号

房地产管理局：

你局〔1965〕房管 458 号请示已悉。

现对你局关于居民委员会单设办公用房等问题的请示批复如下。

一、居民委员会是群众自治性的组织，为了便于和群众的联系，有事可在主任、委员家里或临时在居民家里开会、研究工作。不必单设办公用房。

二、各街为开展宣传活动所需图书室、俱乐部等用房，凡有条件的，可以解决，没有条件的可逐步解决。房管部门应给予支持，但用房必须紧缩安排，以免多占、浪费。

三、各街所设之图书室、俱乐部等宣传活动用房，凡属于公产房屋，使用单位应定期向房管部门缴纳房租，其开支可暂由各街的宣传活动费中解决。

1966 年 1 月 6 日

【选自《天津政报》1966 年第 3 期】

天津市民政局关于社会救济工作的检查报告①

这个检查报告提出的改进救济工作的几项意见,已经市人委政法办公室同意,现特刊出。

为了研究改进社会救济工作,我们根据市领导的指示,对社会救济工作进行了检查。重点调查了和平区南营门,访问了 292 户救济户、困难户,同区街干部和居民委员会的部分委员进行了座谈。并对最近一个时期的来信来访进行了逐户调查访问。兹将检查的情况报告如下。

在市、区党政领导下,我市民政部门和街办事处做了不少的社会救济工作,取得了一定的成绩。去年 1—10 月份市内各区每月平均救济 4500 余户,14000 余人。到 10 月底全市共发放救济款 90 余万元。街道工作会议之后,生产自救活动有了很大的发展,救济户、困难户中有劳动力的人基本上都参加了生产劳动,不但减少了国家救济款的开支,其他伤病户生活也有了改善。最近以来,各区结合传达贯彻民政会议的精神,都加强了救济工作,注意了纠正掌握上的偏紧偏严和救济不当的问题。通过救济解决救济户的生活问题,对于维护社会秩序,促进工农业生产高潮起了一定的作用。但是也有一些问题,需要研究解决。

1. 关于救济标准问题。新的救济标准是根据维持低生活的精神制订的。经过调查测算,我们认为这个标准基本上是可以的,但对于少数户则偏低。新标准规定,孤老户可以稍高,现在各街对一口人的户一般都发 10 元,只是对于有人帮助有收入的人发 8 元。人口多的户绝大部分有生产收入,对于有小额生产收入的不减发救济费,这样有生产收入的户,加上救济,生活可以维持在 7 元的水平,光解决吃饭是可以的。据调查,救济户中孤老户占 30% 左右;有生产收入的户占 60% 左右;无收入户占 10% 左右。也就是说有 10% 左右的户,光靠救济吃饭是紧一些。其次,对于参加服务队或临时工的户和参加分散

---

① 原文标题为《市民政局关于社会救济工作的检查报告》。

生产的户,一样对待,都按平均 2 元的生产收入不减发救济费的规定执行,这对鼓励他们的生产积极性不利。另外,救济标准的计算方法比较复杂,不能一看就懂,且执行时容易机械。

通过调查已经看出:规定一个标准,使所有问题都能合理解决是有困难的。因为各户的消费水平差别很大,如粮食定量,三口之家低的是 48 斤,高的是 96 斤,相差一倍。五口之家低的是 100 斤,高的是 150 斤,相差 50%。煤水电的消耗也大不相同。因此必须提倡灵活掌握,实事求是解决问题。

2.救济标准没有包括住房问题。据重点调查,160 个救济户中:自有住房的 71 户,占 37.5%,不交租的 29 户,占 18%,房租一般是 1 元左右,少数的也有高一些的。有的户因为交租,生活受到一定的影响。

3.在标准掌握上既有偏紧偏严,也有不应救而救的问题,但从主导思想看,基层干部掌握偏严是主要的。据 3 个街的调查,292 户中发现掌握偏紧偏严的 12 户;不应救而救或救济偏高的户,各占 4.1%。产生这些问题的原因,首先是机械地死抠标准,死抠条文,简单从事,不从实际出发实事求是地解决问题。如对于救济标准,不看情况机械执行,而对于有小额生产收入不冲减救济费的规定则打折扣;对于疾病医疗救济不看情况,只要是慢性病就一律不给解决;对集体所有制人员的困难不看其所在单位能否解决,能不管就不管。其次是不了解下情。应救不救而走访市区的问题,很大一部分是由不了解情况造成的,特别是不应救而救的户多数是因为不了解情况,有些情况已经变化了仍按老办法办事。最后是贯彻阶级路线有问题。一种是对四类分子和四类分子家属混为一谈,不予区别对待,救济标准一律从低,使他们不能维持最低生活。另一方面也有的由于不了解情况,对于资产阶级出身的,有积蓄、有经济来源的一些人,同样按孤老户救济,造成不良影响。

根据以上情况,我们认为市人委批准的民政局提出关于"天津市社会救济工作的几项规定"的一些原则基本上是适用的,拟暂不做大的修改,但为了便于执行,提出以下补充意见。

1.社会救济标准,本着基本不动、个别调整和简化计算方法的精神做以下修改:

(1)孤老户一口人的按 8 至 10 元,两口人的按 13 至 16 元掌握。

(2)参加临时工和服务队等劳动的户,一般应掌握全家平均收入 8 元以上的不再救济,平均收入不足 8 元的救济到 8 元。

(3)参加分散生产和其他服务性劳动,全家平均收入 7 元以上的不再救济,平均收入不足 7 元的救济到 7 元。但对于生产收入平均在 2 元以下的户,另按社会救济标准救济。

(4)人口多、缺少劳力、无生产和其他收入的户,救济可以酌情提高,一般以不超过平均每人 6 元为宜。但对于有劳动力、安排生产劳动不干,单纯依赖救济的,则不应提高。对四类分子本人的救济应该从低,但对其家属应和一般群众同样对待,不能从低。

对救济标准要灵活掌握,实事求是地解决问题,不要死抠标准。

2.享受街道定期补助、救济的烈军属和救济户的房租,如果本人交纳影响基本生活的,可以通过救济解决。房租救济款不交本人,由街办事处直接交房管站,具体办法和房管局研究另定。

3.在救济工作中,要经常注意防止、纠正偏紧偏严和不应救而救的问题,当前应以纠正偏严为主。

要反复向基层干部说明:救济标准是按最低生活制定的,偏紧偏严就不能保证低生活,灵活掌握只能适当提高不能降低。

在掌握上特别要注意以下问题:对于有临时收入能维持低生活的户,按规定不符合救济条件,但对于他们临时性的困难或冬季发生的一些困难,要酌情给予临时救济;对参加生产劳动的户,在停工期间,生活有困难的,要主动及时解决;对救济户安排生产劳动后,不要马上停止救济,等他们把劳动收入拿到手之后,再酌情停发或减发;对有在学学生的救济户,在一定时间可酌情增发一些救济费;对于生活困难的集体所有制的人员,如果所在单位确实不能解决的,要按规定主动给以救济。

4.既要坚持原则,按政策办事,又要实事求是地解决具体问题。救济户的情况是复杂的,因此在掌握上不能简单从事,要对具体问题做具体分析。如疾病医疗救济,在目前情况下我们还不可能把所有疾病完全包下来,对慢性病一般不能包治,但是具体情况要具体分析,也不能不看情况一律不管。

5.救济工作必须坚持以生产自救为主。对于有劳动能力的人,要积极安排他们参加生产劳动,增加收入;对于无劳力或者收入不能维持生活的,要及时做好救济工作。救济工作要坚持政治第一、物质第二的原则,通过救济进行政治思想教育,不能光发钱不教育。

6.做好救济工作的关键在基层,因此各区必须加强对街办事处的领导,民政部门要经常下去蹲点调查研究、总结经验,帮助街办事处改进工作。

街办事处要把救济工作列入议事日程,每月检查研究一次。对救济户困难户要登记卡片,定期检查。街干部要实行分片包干的办法主动了解情况,主动解决问题。要坚持民主评议制度,依靠群众做好救济工作。

1966 年 1 月 29 日

【选自《天津政报》1966 年第 5 期】

黑龙江省牡丹江市人民委员会
关于城市居民委员会调整的报告

牡民字 33 号

省人委：

省人委 1964 年批准我市城市居民委员会为 185 个委，实有 196 个委。在 196 个委中，范围过大、超过 600 户和居住分散、工作不方便的有 14 个委；委员会过小的有 2 个委。根据省人委 1964 年批转省民政厅、财政厅《关于城市居民委员会调整和经费使用》的规定，城市居民委员会的管辖范围一般以 300 户左右为宜，人口集居程度较大的地区，可以达 400 户，少数人口居住分散的地区，可以有 200 户，特别分散的个别地区，也可以少于 200 户。我市为了便于工作、便于领导，使街道区划更趋合理，从 1965 年 7 月至 11 月，对以上 16 个委进行了调整。过大的 14 个委调整为 24 个委，过小的 2 个委，予以撤销，合并到附近的委员会中。经过调整，比省批准的委数增加 19 个委，比我市实有的委数增加 8 个委。调整后，居住集中，500 户以上的委还有 9 个，居住过于分散，不足 100 户的委有 3 个，最大的委为 576 户，平均为 312.64 户(省批准 185 个委，则每委平均为 344.75 户)。距市内最远的为 30 华里，委员会管辖范围最大的直径为 16 华里。新增加的居民委员会经费，我们的意见是，应从 1966 年 1 月份的经费中拨给。请予审查批示。

黑龙江省牡丹江市人民委员会

1966 年 2 月 28 日

【牡丹江市民政局提供】

天津市计划生育办公室关于和平区
做好计划生育工作的报告[①]

中央一再指出,实行计划生育是我国社会主义革命和社会主义建设时期的一项重要政治任务,是党的既定政策,尤其在当前形势下,做好计划生育工作,对控制城市人口的增长,改善人民生活,更有着战略意义,这是关系到"备战、备荒、为人民"的极为重要的大事情。各区、各部门一定要认真地贯彻中央指示精神,抓好这项工作。和平区在计划生育工作上已做出成效,现特将《和平区人口出生率是怎样降下来的》一文发表于下,各区、各部门,都要针对本单位的工作情况,找差距,跟措施,经过努力工作,尽快地把人口出生率降低到合理水平。

经过三年来的努力,和平区的人口出生率已有了显著的下降。1963 年为29.75‰,1965 年已下降到 9.95‰。人口出生率的大幅度下降,对支援社会主义建设、促进生产,对职工的工作、学习以及减轻职工群众家务负担,改善人民生活均起到了一定的作用。

和平区 1963 年以来的计划生育工作情况如下。

(一)领导重视,有关部门密切配合,充分发挥基层组织的作用

1963 年市委发出全党动手、抓好计划生育的指示以后,该区立即行动,建立了计划生育委员会,指定一名书记和一名区长具体抓这一项工作。下设区计划生育办公室,作为区委、区人委的具体办事机构。在各街道、单位也逐步建立了计划生育委员会或领导小组。在各居民区、工厂大的车间,建立推动组,在街道还设了协助人员,在一些单位还设了专、兼职管计划生育工作的人员。居民委员会还增设了计划生育委员。由于建立了一套较为完整的计划生育工作体系,有力地推动了这一项工作的开展。

区委、区人委领导不断研究、布置计划生育工作,区计划生育委员会,基本

---

① 原文标题为《和平区人口出生率是怎样降下来的》。

上做到了按季度召开会议,并定期和不定期地听取中、基层领导干部汇报和检查计划生育工作。如:1964年区举办展览会时,该区区委第一书记王中年同志当场召集有关人士进行座谈,研究如何来提高展览会的质量,丰富展览会的内容。原区委书记李玉田同志,听到公安局和平分局曾一度对计划生育工作抓得不紧,就专到分局去检查他们的工作。同时,领导干部以身作则带头实行计划生育,人委的几位区长均带头采取了措施,区委的领导干部大部分都做了节育手术。

该区的工、团、妇、卫、文等部门,三年来在区委的统一领导下,根据本系统的情况密切协作,在计划生育、晚婚教育方面做了大量的工作。区妇联着重抓居民区妇代会,帮助妇女们解决了大量的实际问题,因而在妇代会中涌现出很多的计划生育先进工作者。区团委狠抓青年晚婚教育工作,他们不断总结和推广一些先进团支部抓晚婚教育的经验,使越来越多的青年积极响应党的晚婚号召。1965年适龄结婚的人中有近80%扭转了过去一些早恋早结婚的旧习。区文化部门也大抓计划生育宣传,举办展览会,编演了一些有关计划生育方面的文艺节目,组织有关计划生育的科学讲座、报告会。区工会从加强思想教育和关心职工生活入手,积极推动计划生育工作的开展。很多单位的工会领导干部亲自抓。工会俱乐部做了大量的宣传工作。民政、卫生医疗等,做了很多工作,特别是卫生部门,在计划生育方面做的工作更多。

(二)突出政治,依靠群众,深入开展宣传教育工作

为了提高干部和群众的思想认识,该区坚持说服教育,坚持自觉自愿,反对强迫命令和变相的强迫命令,他们注意检查党的计划生育政策执行情况,及时纠正了对晚婚的"硬卡"现象,以及不做好思想工作只强调手术的倾向。有些系统在召开政治工作会议时,大讲计划生育的重要意义,强调计划生育是思想革命、文化革命、移风易俗的大事情。三年来该区利用各种形式,大张旗鼓地宣传了党的有关政策和科学知识。据不完全统计,仅展览会,就接待职工群众参观达15万人次之多。在大搞宣传、大造声势的基础上,又进一步发动群众,做深入细致的思想工作。培训了大量的计划生育积极分子,在1963年和1964年,全区共培训了12500多名积极分子,使他们基本达到了"三懂"(懂政策意义、科学知识、工作方法),大部分已成为开展计划生育工作的技术指导员、宣传员、工具推销员。1965年,又对他们中的部分人员进行了比较系统的复训。这些人员在工作中遇到困难时就学毛主席著作,在节育措施上遇到问

题,就主动找医生解决,并代为联系医院和接送做手术者;对家庭有困难的,主动帮助解决实际问题(如看孩子、洗衣服、做饭、搞卫生等),对做完手术的人,还经常进行访问。

此外,还针对各种对象召开了不同类型的座谈会,如婆婆会、姥姥会、育龄妇女会、多子女会,并采取个别串联、一帮一、滚雪球的办法,交知心朋友,以及请做了手术的人现身说法等,深入进行宣传,广泛发动群众。

(三)狠抓怀孕出生高峰季节和薄弱地区

该区在工业系统、财贸系统,以及有的街道中,采取了集中力量大抓薄弱环节开展工作的办法,收到了良好效果。如在1965年春天,他们在街道系统开展了迎"三八"的活动,一方面动员各街道党、政、共青团和妇联积极进行宣传教育,另一方面还动员本区医疗单位、医护人员,深入街道居民区,大力宣传有关计划生育的科学知识。结果在20天左右的时间内就有2127人做了节育手术。1965年"五一"节除了开展全区的宣传活动外,他们还在财贸系统重点抓了10天,就有661人做了节育手术,相当于财贸系统过去每个月采取节育手术人数的三倍半。今年一、二月份,他们又组织区计划生育工作队,集中力量,重点抓了工作比较薄弱、出生率比较高的新兴街,效果很好。

(四)总结交流经验,表扬先进

三年来,该区利用不同形式,在不同系统、单位、街道居民区,总结交流了工作经验。仅1964年就总结了企业、机关、学校、街道等20多个单位的先进经验,在全区推广。他们还一直坚持了以点带面,表扬和奖励先进单位、集体和先进个人等方法,仅1965年全区就表扬了计划生育工作先进单位和地区144个,奖励先进个人1574名。这些单位和积极分子受到表扬后,工作热情更加高涨,他们不计较个人得失,不怕困难,利用一切可以利用的时间开展工作,并且还创造了很多好的工作方法。

除了推广本区、本系统的先进经验之外,该区还组织了不同的系统到市内外兄弟区去取经,推动全区计划生育工作。

(五)医务人员深入基层,采取全民措施,保证手术质量

该区的卫生医疗部门,认真贯彻政治挂帅,技术保证的原则,加强对手术人员的政治思想教育,严格执行操作规程,使有关计划生育和各种节育手术的质量不断提高。各医疗单位,充分利用门诊、住院部等阵地开展计划生育的科学知识的宣传,同时组织专门力量下单位、下地段,便利群众,普及科学知识。

对做各种节育手术的人,采取认真的态度,少数人术后出现问题,他们积极和单位、医院共同研究,及时加以解决。因而几年来使各种节育手术数字不断增加。据该区街道统计,三种手术已做10479例,占街道居民有生育能力妇女的48.23%,这对降低人口出生率起了重要作用。

该区经过三年来的工作,人口出生率降下来了,今年预测有望在9‰以下,然而要巩固住,还需要做大量的工作。需要进一步突出政治,做细致的思想教育工作,进一步解决职工、群众思想上的顾虑。促使工作上后进的单位、地区赶上先进,使多胎比重降下来(目前该区有的街道多胎出生还占50%以上),使卫生医疗部门进一步提高节育手术质量,深入开展科学知识的宣传。这都需要继续做艰苦的努力。

市计划生育办公室

【选自《天津政报》1966年第9期】

杭州市人委转发市妇联、民政局、人民银行市支行《关于建立和健全居民互助储金会的报告》①

各区人委,各街道办事处:

现将市妇联、民政局、人民银行市支行关于建立和健全居民互助储金会的报告转发给你们,请参照办理。

浙江省杭州市人民委员会

1966 年 4 月 12 日

关于建立和健全居民互助储金会的报告

市人委:

自中央批转邓子恢同志《关于城乡高利贷活动情况和取缔办法的报告》以后,本市各区结合社会主义教育,建立了一批居民互助储金会。这些互助储金会建立后,普遍受到居民群众的欢迎和赞扬,并已初步显示出以下几方面的好处:

(一)打击了高利贷活动,有利于巩固社会主义金融阵地。据江干区南星桥街道秋涛路、新工两居民区调查,在建会以前已暴露的高利贷主就有 9 人,一般月息高达 10%。向高利贷主借钱,不仅要托熟人、送礼物、付高利,还要有压头、保头。互助储金会办起来以后,高利贷活动被压下去了。居民反映,"互助储金会是劳动人民的亲家,高利贷主的冤家"。

(二)发扬了团结互助的精神,解决了部分居民生活上的临时困难。互助储金会把居民群众从经济上组织起来,实行互助互济,进一步发扬了"一家困难,大家帮助"的良好风气。据横河、南星桥两个街道 27 个居民互助储金会1965 年 2 月至 9 月的统计,借款就达 4700 多次,累计借款金额达 34000 余元,解决了医病、交学费、生活周转等许多临时发生的困难。

----

① 原文标题为《市人委转发市妇联、民政局、人民银行市支行关于建立和健全居民互助储金会的报告》。

(三)有助于推动居民区的各项工作,密切党群、干群关系。菜市桥居民区的干部说:"储金会对居民区的文教卫生、妇女、福利、调解、治保等五项主要工作都有利,过去部分居民遇到交学费的时候心里很着急,现在不用愁了;帮助绝育的解决营养费,有利于计划生育。有些家庭纠纷往往是从经济上引起的,有了储金会有处周转,纠纷也少了。"许多互助储金会干部急人之急,主动了解情况,发现困难,送款上门,进一步密切了党群、干群关系,有助于居民区更好地开展各项活动。

(四)对养成居民勤俭节约风气和计划安排生活的习惯起了积极作用。这些互助储金会都采取基金制和月储年退相结合的办法,平时节省一点,到年底就有一笔积蓄,也等于参加了储蓄。据横河、南星桥两个街道 27 个居民互助储金会去年 9 月底的统计,储金共达 27000 余元,许多居民还准备继续增加储金。

在居民区办互助储金会是一项新的工作,在发展过程中也还存在一些问题,主要是:

(一)对储金会的领导尚不够落实。有些街道还未把这项工作管起来;有些居民委员会还未把互助储金会纳入自己的工作,政治思想工作不经常,出纳会计人员不稳定。有些储金会的领导成员不纯;妇联、民政、银行三个部门配合不够紧密,工作还不够落实。

(二)有的居民区对劳动人民救济户,怕吃倒账而不予入会;也有的居民区在借款掌握上存在着卖情面、平均分摊和手续繁杂等问题。

(三)在财务管理上,有的未认真贯彻执行民主管理制度,自储金会成立后,从未公布过账目;有的储金会账务比较紊乱,手续不够严密,甚至有的已发生了储金、借款出差错。

居民互助储金会经过一段时期的实践,被证明具有重要的作用。目前虽还存在一些问题,但只要加强领导,这些问题是不难解决的。并且要在取得经验的基础上,在尚未建立储金会的地区,有计划有步骤地加以发展。现根据中央关于普遍建立和健全互助储金会的指示精神,对进一步加强储金会工作,提出以下意见:

(一)建议各街道办事处加强对居民互助储金会的领导,妇联、民政、银行应积极配合。街道妇联和基层妇代会应做好对储金会干部的政治思想工作和对群众进行勤俭持家的宣传教育,配合居委会帮助居民合理安排生活。民政部门应做好社会救济工作;在储金会资金不足时,应在救济费中酌量拨给一部分作为周转金。银行应协助储金会建立账务,做好账务辅导工作。必要时,也可对储金会发放小额的临时性无息贷款。

（二）居民互助储金会是劳动人民的经济互助组织，四类分子、投机倒把分子、高利贷者和资产阶级分子均不得参加居民互助储金会。对生活困难的劳动人民入会不得歧视，对一些长期救济户要求入会的，也应予接纳。如遇储金会会员死亡绝户，借款确实不能收回的，可在社会救济费中报销。储金会的干部，必须推选政治思想好的会员担任，不符合条件的，应当在整顿时或结合居民干部改选予以调整。

（三）要经常向居民群众和储金会会员宣传储金会的意义目的，进一步发扬邻里团结互助、勤俭持家精神，共同办好储金会。在发展会员时，必须贯彻自愿原则。对储金会的干部，要定期组织他们学习，加强政治思想教育。特别要强调活学活用毛主席著作，更好地为群众服务。对于会计、出纳人员要尽可能稳定下来，能与街道加工生产生活服务组织结合的，可由这些组织的有关人员兼任。

（四）居民互助储金会是群众性的组织，必须贯彻自力更生、民主办会的方针。借款要贯彻大困难多借、小困难少借、不困难不借的原则，要定期公布储金、借款册目，接受会员监督。既要严密制度，做到不错不乱，又要简化手续，方便群众。

以上报告如无不当，请批转各区人委、各街道办事处研究执行。

杭州市妇女联合会

杭州市民政局

中国人民银行杭州市支行

【由杭州市档案馆提供】

黑龙江省牡丹江市人民委员会
关于调整城区居民委员会的通知

牡办字 68 号

各区、乡人委：

　　根据黑龙江省民政厅〔1966〕民字第五号文件关于增加居民委员会指标的批复，现将我市各区居民委员会的调整数字做如下通知：东安区原有委数 47 个调为 54 个；西安区原有委数 58 个调为 60 个；爱民区原有委数 52 个调为 54 个；郊区原有委数 38 个调为 36 个；铁岭 5 个，沿江 6 个，兴隆 1 个，东村 1 个，北安 7 个(其中包括军马厂 4 个)，桦林 9 个(其中橡胶厂 6 个)，温春 7 个(其中包括水泥厂 3 个)，共计为 240 个委。新增加居民委员会的经费，从 1966 年 1 月起执行，此经费只限于对居民委员会干部进行补助，不准挪用。各工厂家属委员会也按上述数字给予补助，补助前各区、乡应与各工厂工会取得联系，避免出现双层补助的现象。

1966 年 6 月 14 日

【由牡丹江市民政局提供】

1971

杭州市上城区湖滨街道关于邮电路
居民区搞三防的小结①

在伟大领袖毛主席"提高警惕,保卫祖国,要准备打仗"的指引下,在"区防办"和街道党委的热情帮助和具体指导下,我邮电路居民区狠抓战备"三防"工作,兴起了一场轰轰烈烈"三防"的群众运动。

毛主席教导我们:"新的世界大战的危险依然存在,各国人民必须有所准备。"当前战争的特点是立体战争、突然袭击,帝国主义者可能用原子、化学、细菌武器,可以说开展"三防"工作是形势的需要、战备的需要、反侵略战争准备的需要。为了搞好"三防"工作,首先我们请湖滨"三防"宣传队来居民区进行"三防"宣讲,通过几场宣讲,基本上做到家喻户晓,人人明白,为"三防"工作的开展打下了良好的思想基础。为了把"三防"进一步搞好,必须要一支骨干力量,我们又组织了居民区的知识青年和老工人,举办了一期"三防"学习班,学习了"三防"知识和防护器材的制作,以及战地救护四大技术等。然后由这支力量深入各居民组进一步宣传"三防"和土防毒器材的群众运动,在制作过程中,广大革命群众动脑筋,想办法,就便取材。如用旧口罩、旧毛巾、旧汗衫等做防毒口罩。没有铁丝,就用硬纸板、破旧棉布代替做防毒口罩,这样既省钱,又便于加工,真正做到节约闹革命。目前,我居民区基本上做到人人都有防毒器材。为了检验防毒器材的效果,我们又组织居民群众参加湖滨"三防"的毒气演习,广大居民群众落实毛主席战备指示,怀着对帝、修、反的深仇大恨,以临战姿态参加毒气试效。试效中,居民区主任储慕兰等干部带领群众发扬了"一不怕苦,二不怕死"的革命精神,鼓励大家坚持斗争就是胜利。结果,大部分同志都能坚持到 15 分钟左右,基本达到防护要求。

为了更广泛宣传"三防"的伟大意义和"三防"知识,我居民区又筹办了简易"三防"展览会。在筹办过程中,开始感到我们居民区,一无人员,二无材料,三无经验,对于如何办无从着手。在困难面前,我们又学习了毛主席"备战、备

---

① 原文标题为《关于我居民区搞"三防"的小结》。

荒、为人民"和要准备打仗的战略思想,增强战备观念,并到小营地区参观取经,回来后发动群众自力更生。没有图,自己画;没有材料,发动群众找。有的展览土防护器材,居民群众自己动手制作给展览会用。就这样,通过短短的几天,简易展览画厅筹办完毕,向革命群众展示。展览会办得好不好,讲解很重要,我们选派了几位知识青年做讲解员,对外宣讲。在讲解过程中,有的产生了畏难情绪,认为自己没有做过讲解员,怕讲不好,认为没有专门参加过"三防"学习班,内容不理解,怕讲不来等。针对这些思想,我们加强政治教育,遵照毛主席"什么叫工作,工作就是斗争。那些地方有困难、有问题,需要我们去解决。我们是为着解决困难去工作、去斗争的"的伟大教导,鼓励他们勇敢担负这个责任。宣讲中,有的居民群众反映听不懂,有的反映讲得太简单,有的说讲得太快,等等。当时有的讲解员又产生了埋怨情绪,认为自己每天要讲几小时,喉咙也讲哑了,结果还这不好,那不行,意见一大堆,真是吃力不讨好。有了畏难情绪怎么办? 正确的行动来源于正确思想的指导,没有正确的思想便不会有正确的行动,有了正确的思想,才能产生正确的行动。针对以上问题,我们又以毛主席"因为我们是为人民服务的,所以,我们如果有缺点,就不怕别人批评指出"的教导,帮助同志们提高认识水平,改正讲解中的缺点,不断提高讲解能力,使展览会办得深受群众的欢迎。截至目前,展览会共讲了 144场,宣讲 7185 人次,对"三防"的宣传起到一定的作用。

伟大领袖毛主席教导我们:"即使我们的工作得到了极其伟大的成绩,也没有任何值得骄傲自大的理由,虚心使人进步,骄傲使人落后,我们应当永远记住这个真理。"我们的"三防"工作还存在着很多问题,与兄弟单位相比和用毛主席"中国应当对于人类有较大的贡献"的教导来对照,还相差很远,更光荣、更艰巨的任务在等待着我们去完成,我们有决心、有信心,在今后的学习工作中,再接再厉,争取更大的胜利。

1971 年

【由杭州市上城区档案馆提供】

杭州市上城区湖滨街道关于组织延定巷居民区
"五七"劳动连的试点意见①

湖革(四)字第 3 号

为了响应伟大领袖毛主席关于"认真搞好斗、批、改"的伟大号召,坚决贯彻落实毛主席的"五七"指示,学习上海的先进经验,积极把街道居民中的职工家属组织起来接受社会主义教育和社会主义建设,参加集体劳动,既劳动又学习政治文化,加速人的思想革命化,改造社会风尚,充分发挥他们为社会主义革命和建设的积极性,经与杭州五金工具厂联系,利用该厂扩散产品②的加工为重点,特选定延定巷居民区组织"五七"劳动连。

一、组织形式

以本居民区的职工家属为主体,实行班、排、连的军事编制,在本居民工作委员会的领导下,参加政治活动,批判各种形式的资产阶级思想,学习毛泽东思想,参加集体生产劳动,居民区革命工作委员会要抓政治思想教育工作,保质保量地完成生产任务。一般 7 小时劳动生产,1 小时进行政治文化学习。

二、人员来源

"五七"劳动连吸收人员,必须经居民革命工作委员会讨论同意,对象主要是在本居民区的职工家属和精简人员等闲散劳动力。有劳动力者凡参加"五七"劳动连必须具备以下条件:

1. 突出无产阶级政治,积极参加居民区的各项政治活动。

2. 积极送子女上山下乡。

3. 团结互助等三个条件。

年龄一般为 30～45 岁。

---

① 　原文标题为《关于组织延定巷居民区"五·七"劳动连的试点意见》。

② 　扩散产品:扩散产品指的是工业企业将原由自己生产的产品,扩散给其他企业生产的产品。——编者注

三、实行低标准的计日工资制

凡"五七"劳动连的战士实行低标准的计日工资制。一般分 7 角、8 角、9 角、1 元四档,平均工资不得超过 25 元。劳动连可以提合理的公益积累,逐年创造适当的福利条件。

四、生产设备和技术力量

凡属生产所需原材料和大型设备都由挂钩厂提供(所有权仍属厂),技术力量均由挂钩厂负责培训(培训期间生活费自理),并作厂外指导,以求得技术熟练,保质保量地完成生产任务。

五、有关的几个问题

凡属劳动连人员的补充,财务开支,经营方向,均由街道革委会生产组掌握。

此致

湖滨街道革委会

1971 年 4 月 13 日

【由杭州市上城区档案馆提供】

拉萨市区街道居民积极兴办小型工业

拉萨市区的街道居民,在当地有关部门领导下,根据生产和群众生活需要,自力更生兴办小型工业。去年下半年以来,他们办起了铁木、建筑、缝纫、被服、鞋帽、羊毛加工、化工、面粉加工等十多种小型工业。这些小型工业不仅生产氆氇等西藏传统产品,还试制成功了新式步犁、电动脱粒机、扬场机、化肥、肥皂、羊毛头巾、羊毛围巾等 60 多种新产品。

过去,拉萨的工业基础薄弱。民主改革后,在毛主席的无产阶级革命路线指引下,拉萨市区街道居民办起了不少手工业互助组。经过无产阶级文化大革命的战斗锻炼,拉萨市区街道居民激发了社会主义积极性,去年下半年以来,他们积极开展了兴办小型工业的活动。

在办小型工业中,拉萨市区街道居民认真贯彻执行毛主席"自力更生""艰苦奋斗"的方针。跃进居委会在筹建铁木合作社时,没有工具,大家从家里带来;不懂技术,派人到外单位学习。他们克服各种困难,制成了新式步犁、电动脱粒机、扬场机等新式农具。卫星居委会羊毛加工合作社的工人,自己动手,制成 50 多台捻毛机,使捻羊毛实现了半机械化,大大提高了工作效率。

拉萨市街道居民兴办起来的小型工业,已经为解决当地生产和群众生活需要做出了贡献。例如,去年下半年以来,新办的建筑合作社已经为国家和群众建设房屋 57000 多平方米。缝纫业的工人深入农村牧区为农牧民服务,很受群众欢迎。

【选自《人民日报》1971 年 7 月 9 日】

北京和平里百货商场依靠街道、
工厂建立商品代销店的调查①

　　北京市东北郊的和平里地区,今年以来在离商店较远的居民区和工厂里建立了一批小商店。这是和平里百货商场为了进一步落实毛主席关于"发展经济,保障供给"的方针,依靠街道、工厂建立起来的商品代销店。这种商品代销店,由街道居民和工厂服务人员,为国营商店代销纸烟、火柴、肥皂、针线和油、盐、酱、醋等日常生活用品,满足当地居民和工人的需要。商店办起后,受到群众热烈欢迎。大家赞扬这些代销店是城市商业斗、批、改中出现的新事物,是依靠群众多快好省地发展商业网点的一个重要途径。

依靠群众,增设网点

　　北京市和平里地区是从 1953 年开始兴建的居民区。随着革命和生产建设的发展,这里的机关、工厂和居民逐年增加,国家虽然不断增设商业网点,但还是赶不上客观形势发展的需要。到去年,这里的人口已增加到 12.7 万多人,而商业服务人员只占人口总数的 0.9%,有十几处居民聚居的地方没有商店,群众买东西要跑二三里路,很不方便。为了适应群众的需要,和平里百货商场曾经采取适当延长营业时间、开设早晚服务部、增添流动售货车等办法,但是群众仍然感到不够方便。有的工厂企业便从商店买来一批纸烟、火柴、信封等商品,在工厂的传达室或车间代销。这些情况说明,增设商业网点已成为商业部门的迫切任务。

　　一提到增加商业网点,商场有的同志单纯从商业部门本身打主意,算来算去,觉得人员不足,无能为力,必须上级给人、拨款才行。但有的同志从工厂企业单位代销商品的做法中得到启发,提出依靠群众建立代销店的建议。这个建议提出后,有的人又担心让街道居民代销商品会把账目弄乱,不好收拾。

---

　　① 原文标题为《发展城市商业网点的一个重要途径——北京和平里百货商场依靠街道、工厂建立商品代销店的调查》。

出现了不同意见,商场党支部、革委会成员首先认真学习毛主席有关财政经济工作和群众路线方面的一系列教导,回顾过去发展商业网点上的两条路线斗争,认识到依靠群众建立商品代销店,符合党的群众路线。大家还看到,广大街道居民经过无产阶级文化大革命的锻炼,政治觉悟有很大提高,他们一定可以把街道代销店办好。领导成员统一了思想,又组织商场工作人员学习和讨论,使大家取得了一致的看法。然后,他们与附近街道、工厂的党组织,革委会联系,先做试点,由点到面地建立起代销店。

在建立代销店的过程中,和平里百货商场和街道的党支部、革委会注意帮助街道居民克服思想障碍,坚定他们为人民办好代销店的信心。在筹办兴华西里代销店的时候,少数家庭妇女怕自己没有文化,没做过买卖,账目搞错了不好交代。商场同志就协助街道居民委员会组织这些家庭妇女学习毛主席的《为人民服务》等著作,使她们提高了思想认识,消除了顾虑。她们满怀信心地说:“只要按毛泽东思想办事,一个心眼为人民服务,就什么困难都能克服。”这个店的几个代销员虽然都是有孩子的妈妈,识字也不多,但是她们努力学习,很快熟悉了进货、盘点、结账等一套业务,把代销店办了起来。

现在,和平里地区已经办起了 9 个代销店,初步形成以国营商业为骨干,街道、工厂代销店为补充的商业服务网。街道代销店经营的商品已由原来的几十种陆续增加到二三百种,除日用小百货以外,还有一些食品和副食品,更好地保障了群众生活的需要。

方便群众好处多

街道、工厂办商品代销店,最突出的好处是方便群众。工厂代销店,有的设在传达室,有的设在职工集体宿舍服务处,为适应工厂生产三班倒的情况,实行日夜服务。街道代销店与“红医站”或“人民电话”服务处在一起,有的由居民“五七”生产组抽人办理,比一般商店开门早,关门晚。离商场较远的群众,就近能买到一些日用必需品。北京冶金地质机械厂的职工过去到商场买盒烟,来回得半小时左右,现在不出厂门在代销店就可以买到。工人们高兴地说:“商店进工厂,太方便了,有利于抓革命、促生产。”住有 900 多户居民的上龙大院,办起商品代销店以后,居民们说:“商店办到了家门口,坐上锅买东西也来得及,再也不用跑远路了。”

代销店的营业员和群众生活在一起,熟悉群众的生产、工作和生活情况,服务方式更适合群众的需要。有一个干部家属,因病下不了楼,代销员就经常把她需要的日用品送到她家里,还问寒问暖,使病人深受感动。

代销店方便群众,群众也热情支持代销店的工作。代销店开始筹建时,不少居民主动帮助打扫屋子,安放柜台、货架。代销店进货,有些中学生争着去蹬三轮车;货拉回来了,居民们赶来热心帮助卸货。八大公坟地区有一个在家养病的工人,看见代销店业务扩大,他想到代销员识字少,算账慢,就主动制了一张价格速算表给代销店使用,提高了售货效率。

代销店的建立发挥了工厂、街道的积极性,为国家节省了人力、物力、财力。目前,和平里地区已经建立的 9 个代销店共有 20 多个代销员,他们是家庭妇女和工厂企业的后勤服务人员。国营商业每月给他们的代销费,只有400 多元。这些商店如果全部由国家办,每月支付的工资和其他费用就要近2000 元。这些代销店用的房屋,是街道、工厂调剂出来的,柜台、货架等设备是用废旧物品修理制成的。因此,建立一个代销店,快的只要一两天,慢的也只要三四天,就能开门营业。

办好代销店需要注意的几个问题

街道、工厂代销店是个新事物。从和平里百货商场的经验看,要办好代销店,需要注意以下几个问题。

性质和任务:街道、工厂商品代销店是社会主义国营商业网点的补充,在国营商业的统一领导和安排下,为国营商店代销商品,为附近居民和工厂企业职工服务。既不是把国营商业下放给街道,也不同于合作商店。同时,它也是街道、工厂走《五七指示》道路所办生产、服务事业的组成部分。商业部门付给街道代销店的代销费,由参加街道集体生产和服务工作的居民统一分配。

领导关系:代销店由当地街道(工厂)和商业部门实行双重领导,以街道(工厂)党委领导为主。街道代销店,在街道党委领导下,由居民委员会具体管理,群众进行监督。商业部门对代销店实行业务领导,要把代销店作为自己网点的组成部分,积极供给货源,帮助严格执行国家统一的物价政策和供应政策,传授业务知识,不断提高服务质量。

网点设置和经营范围:代销店要按照从实际出发,因地制宜和力所能及的原则来设置,适宜于设立在离国营商店较远的居民区和中小型工厂企业。居民区代销店主要代销群众日常生活必需的副食品、食品和日用小百货。工厂代销店一般只代销纸烟、火柴、肥皂、洗衣粉等商品。代销店不准代销集体和个人的物品,不准以物易物,不准赊销商品。

进货渠道和代销费的提取:代销店要从指定的附近的国营商店按零售价进货,不应自行远途采购。商业部门给代销店的代销费(代销人员补贴和商品损耗费用),应贯彻兼顾国家、集体、个人三者利益的原则,提取比例应根据销货额大小而定,不宜整齐划一。工厂代销店的代销员是国家职工,就不另给代销费,只按国家规定的标准付给商品损耗费。

商品代销店人员的配备:街道代销员应由群众推荐,居民委员会审查,街道党委批准,选拔家庭出身好,政治觉悟较高,热心为群众服务,办事公道和有一定文化水平的人担任。街道和工厂党组织要加强对代销店的领导,教育代销人员坚持无产阶级政治挂帅,坚持社会主义方向,防止和克服资本主义经营思想和经营作风,真正起到方便群众、促进生产的作用。

【选自《人民日报》1971 年 12 月 6 日】

杭州市财税局革委会关于街道所属
居民区企业征税问题的通知①

杭财革〔1971〕字第 705 号

各区财税局革委会:

近据各区反映:街道所属居民区企业(小组)绝大部分是新组织的,规模比较小,按照本局杭财革〔1970〕第 717 号规定,征税确实有些困难。为了在税收上给予适当照顾,经研究,特作如下通知:

一、自 1972 年 1 月份(税款所属月份)起,凡居民区企业(小组)平均每月每人营业收入(收益)在 25 元以下的(包括 25 元),暂免予征收工商税;超过 25 元的,均应征收工商税,如个别企业(小组)纳税仍有困难的,经市财政税务局革委会批准,仍可给予定期减免或免税照顾。

二、居民区企业(小组)应征的工商所得税,自 1972 年 1 月份起,凡分配采取固定工资(低于街道企业固定工资的),暂定为全年所得额 300 元以上的(包括 300 元),应按集体所有制企业有关规定征收工商所得税(按季预缴、年终清缴),300 元以下的,暂免征收工商所得税;对拆账、计件工资制居民区企业(小组),其工资收入水平,基本与实行固定工资的居民区企业(小组)相等或低于街道企业固定工资的,也可比照上述规定办理,但对个别收入较高,在分配上采取变相"分光制",而个人又收入较高的,仍按原规定"凡有利润者均应征收工商所得税"的原则办理,在计征所得税时,其工资标准,比照同行业同等规模居民区企业(小组)的固定工资标准列支。

三、为了加强管理,统一核算,居民区企业(小组)必须参照本市街道企业财会制度的有关规定,设立记账站(或由街道生产组、联管会、服务站代兼)和建立简要的账册,不论是否达到起征点,都要按月向所在地财税机关申报营业额和利润月报表(填明当月实际从业人数)。

以上希按照执行。

杭州市财政税务局革命委员会

1971 年 12 月 28 日

【由杭州市上城区档案馆提供】

---

① 原文标题为《关于街道所属居民区企业征税问题的通知》。

1972

1972

杭州市房管局革委会关于 1976 年 7 个居民区房租调整试点在全市改革以前仍然有效的通知①

杭房革〔1972〕第 012 号文件

江干、上城、下城房管所革委会:

　　1966 年原市房管处先后在江干区晓霞弄、团结巷、大红花巷,上城区羊血弄、勇进新村,下城区红星巷、群武巷这 7 个居民区进行了调整房屋使用费的试点。当时调整的情况,大多数是降低的,总幅度也是下降的,基本上解决了原来畸高畸低的不合理状况,符合广大劳动群众的要求,调整后大多数住户是贯彻执行的。上述情况在 1971 年 9 月改革房屋使用费时,经请示市革委会生产指挥组同意,以前调整的房屋使用费仍然有效,但在全市房屋使用费改革以后,仍应统一。为了进一步落实毛主席关于"认真搞好斗、批、改"的指示,贯彻"以租养房"方针,望切实做好住户的思想政治工作和租金收缴工作。特此通知。希执行。

杭州市房地产管理局革命委员会

1972 年 3 月 15 日

【由杭州市上城区档案馆提供】

---

　　①　原文标题为《关于 1966 年 7 个居民区房租调整试点在全市改革以前仍然有效的通知》。

福州市积极兴办街道工业支援工农业生产

　　福州市广大居民遵照毛主席的有关教导,积极兴办街道工业,有力地支援了工农业生产。目前,全市街道工业厂、组已发展到 580 多个,生产、加工的产品达 400 多种,其中,有 69 种纳入了国家计划。街道工业的发展,有力地支援了工业和农业生产的发展。

　　中共福州市委认为,街道工业是地方工业的组成部分,有计划地发展街道工业,对于变消费城市为生产城市,支援农业生产具有重要意义。他们热情支持广大居民创办街道工业的要求,市委主要负责同志还亲自抓典型,进行调查研究,因地制宜地进行规划,使街道工业有组织、有步骤地向前发展。

　　在发展街道工业的过程中,广大群众遵照毛主席关于"自力更生""艰苦奋斗"的教导,自己动手,艰苦创业,积极为发展街道工业贡献力量。红光街道五金厂刚兴办时,只有 12 个人。职工们发扬艰苦奋斗的革命精神,白天坚持生产,夜晚修建厂房,修旧利废制造土设备。在退休老工人的热情指导下,经过一年多的努力,盖起了 300 多平方米的新厂房,造出了电动冲床、专用磨床、点焊机和小卷板机等 10 多台机器及一整套镀锌设备,生产和加工电气器材、汽车零件等 40 多种产品,其中有 5 种已经列入了国家计划。

　　福州街道工业的显著特点是:投资少、见效快,不跟大工业争原料、争劳力,充分利用大工厂的边角、废料为原料,甘当大工厂的"配角",生产工农业生产和人民生活需要的产品。一些街道小厂还主动为大工厂加工零部件,使大厂集中力量解决生产关键,保证完成国家交给的任务。

【选自《人民日报》1972 年 5 月 11 日】

北京市西城区军民学习日①

今年 1 月的一天,北京市西城区红塔居民委员会的 3 名干部特意到附近驻军某部炮连,请求解放军同志帮助他们搞好学习。

这条街道的居民大多数是老头、老太太和家庭妇女,家务重,文化程度低,学习中有很多困难。居民委员会经过研究,决定请解放军帮助学习。街道干部来到炮连,说明了来意。这时,连队党支部也正在讨论如何走出去向群众学习的问题。于是,大家立即坐下来研究,决定建立"军民学习日",由连队派出干部、战士和居民一起学习,每周坚持 3 个半天。

军民学习日建立起来了。他们首先抓了新旧社会的回忆对比教育。居民中有许多是老年人,一提起旧社会,他们有吐不完的苦水,诉不完的仇恨;说起新社会的幸福,他们的话就更多了。有一个家庭妇女说:"过去我认为学习也是做三顿饭,不学习也是做三顿饭,忘记了旧社会无米下锅,三顿饭来之不易。自己为什么这么糊涂,就是没有很好地学习,思想觉悟不高。"

这个居民委员会过去有许多人不能按时参加学习,现在学习日总有 90% 的人参加,而且时间不到,人就到齐了。有的缺了课,还主动要求解放军帮助补课。

通过军民共同学习,居民们的思想发生了深刻的变化。半年多来,他们学习了毛主席的《中国社会各阶级的分析》《关于正确处理人民内部矛盾的问题》,学习了党在整个社会主义历史阶段的基本路线,进一步提高了阶级斗争和两条路线斗争的觉悟。

炮连党支部很重视军民学习日。他们经常和居民委员会研究学习情况,制订学习计划和措施,加强对学习的领导。不管部队工作多忙,都派人参加街道居民的学习。他们还把居民中认真学习的好人好事介绍给全连指战员,进一步促进了连队的思想建设。

【选自《人民日报》1972 年 7 月 31 日】

---

① 原文标题为《军民学习日》。

南京五老村坚持除"四害"讲卫生

发病率逐年下降　有效地保障居民群众的身体健康

南京市五老村在 1952 年被评为全国爱国卫生运动模范单位后,20 年来一直坚持开展以除"四害"为中心的爱国卫生运动,使发病率逐年下降,有效地保障了居民群众的身体健康。

在开展爱国卫生运动中,五老村的居民委员会坚持走群众路线,通过黑板报、广播、经验交流会、家庭访问等各种形式,广泛宣传毛主席有关卫生工作的指示,宣传"除四害,讲卫生"的意义,在群众中树立"以讲卫生为荣,以不讲卫生为耻"的新思想、新风尚。每当有新住户搬来五老村,就向他们介绍五老村的卫生工作,请他们参观"清洁户",使新住户也养成良好的卫生习惯。

五老村的居民群众,经常根据苍蝇、蚊子、老鼠、臭虫等"四害"活动的规律,采取多种办法,"打早,打小,打了"。例如:冬春季节,就在室内室外、井边路旁到处烟熏,并组织小分队,在厕所、化粪池、窨井周围到处挖蛹,消灭越冬蚊蝇。夏秋季节,就设置毒饵点、诱蚊缸,撒药捕杀蚊蝇。全村 95 个窨井、15 个水井都有专人负责管理,定时消毒、清理。各家各户经常翻缸倒罐,不留一点污水,甚至连垫床脚的砖头也洗刷得干干净净。

一直保持南京市卫生先进称号的五老村居民,并不满足已有的成绩。他们听说南京市三条营居民段的卫生工作搞得好,就推选群众代表去学习,找自己的差距。原先,五老村的五老桥东有一幢宿舍楼,住着 20 多户人家,公共卫生工作搞得不太好。群众代表从三条营学习回来后,通过串门走访、个别谈心等方法,把这幢楼的群众发动起来,很快改进了卫生面貌。

【选自《人民日报》1972 年 11 月 25 日】

开封市鼓楼区街道工业蓬勃发展①

古城开封的鼓楼区,解放前一个工厂也没有。解放后,在毛主席革命路线指引下,街道工业从无到有,飞速发展。现在,从繁华的马道街,到偏僻的小胡同,小工厂星罗棋布,车间里马达轰鸣,呈现出一派繁荣昌盛的景象。

1958 年,全区人民高举社会主义建设总路线的旗帜,办起了上百个小工厂。广大干部和职工深入开展"工业学大庆"的群众运动,本着"就地取材,就地加工,就地销售"和为工农业生产服务,为人民生活服务的方针,相继恢复和发展起了五金、机械、电机、电器、仪表、化工、棉织以及生活、文化用品等 10 多个行业。1971 年总产值比 1962 年增长 20 倍。除已转属国营企业的 12 个厂之外,区和街道所属的生产单位共计 110 个,产品多达 150 余种。从价值几厘钱一枚的纽扣,到上万元一台的重型机械电瓶车;从洗衣粉、毛刷等日常生活用品,到单晶硅等产品,都有生产或试制。

坚持自力更生精神

鼓楼区第二电线厂电灯花线的试制和生产,是一曲自力更生的凯歌。

这个厂是由一个铁编小组发展起来的。开始,只有几个家庭妇女和职工家属,3 间民房,80 元资金。1968 年,根据市场需要,有关部门提出让他们生产电灯花线。在区革委会和有关部门支持下,他们抬土垫地,在西南城坡的污水坑上兴建了厂房;从废旧公司和大工厂的废料堆里寻找材料,自造设备;派人身背干粮,到外地学习技术。经过一年多的努力,填平了 16000 平方米的场地,盖起厂房和席棚 50 多间,自制和改装各种机械设备 132 台。1969 年 5 月 1 日,正当全市人民欢庆节日的时候,这个厂试制电灯花线成功了。

正式投产后,新矛盾又出现了。生产电灯花线,要用电解铜。当地现有的原材料是黄杂铜。到外地加工,成本高,时间长。怎么办? 在职工大会上,有

---

① 　原文标题为《总路线的光辉照古城——记开封市鼓楼区街道工业蓬勃发展》。

人提出自己搞电解铜的建议。过去,本市有两家大工厂曾经搞过电解铜,都失败了。所以领导和多数职工,一时心里没底。少数思想守旧的人说:"守住摊子就不错了。搞电解铜,得叫上头使劲。"是"守",还是"创"? 是伸手,还是动手? 广大职工反复学习毛主席的光辉著作《实践论》,认真回顾本厂艰苦创业的历史,坚定了自己搞电解铜的决心。工人们说:只有暂时不会的技术,没有永远学不会的技术。

1971年严冬,北风呼啸,大雪纷飞。筑炉工人挥汗如雨,战斗在冰天雪地里。除夕夜晚,市内已经是万家灯火,鞭炮齐鸣,整个古城洋溢着节日的欢乐气氛,而鼓楼区第二电线厂的职工们,却在紧张地进行施工。他们克服了重重困难,自己设计、制造了电解工段的全套设备。仅可控硅整流器一项,就节省资金5000元。

目前,这个厂已成为初具规模的小型企业,有职工260多人,厂房145间,拥有各种专用、通用设备150台。从冶炼、压延、拔丝到编织、包装,基本上实现了机械化流水作业。每年除生产电灯花线和承接一部分线材加工任务外,还可向国家提供电解铜600吨。

从人民的需要出发

街道工厂的生产,是从社会需要出发,还是盲目追求利润? 是讲求实效,还是贪大求洋? 这是街道工业的两条道路斗争。鼓楼区的许多街道工厂,按照毛主席的无产阶级办企业路线,坚持从工农业生产和人民生活需要出发,因地制宜,安排生产项目。

合成洗涤剂厂原来生产席、笆,在转产时,发生了争论。有人主张生产市场上急需的洗衣粉,但是有人说:"生产洗衣粉利润低,不如另选项目。"多数职工认为,办工厂首先要看社会需要,这是关系到走什么道路的大问题。接着,他们在全厂展开了一场"街道工业应走哪条路"的大讨论。广大职工进一步提高了路线觉悟。许多老工人深有感触地说:"旧社会资本家只管自己赚钱,啥利大干啥,不看对人民有益无益。咱们是干社会主义,决不能走资本主义的歪道!"于是,他们通过对市场进行调查访问,确定搞洗衣粉这项产品。大家自力更生,因陋就简,盖厂房,搞设备,经过半年多时间,胜利投产了。现在年产洗衣粉1000多吨,畅销省内外市场。

为了满足社会和人民生活需要,许多街道工厂在充分发挥现有设备和技术能力的前提下,还随时调整生产项目,增减产品种类。如:电瓶车厂兼产汽车拖车,毛刷组兼制旋木品,毛笔组兼制纽扣,等等。在承接加工业务方面,许多街道工业采取了机动灵活的措施,不论产值高低,数量多少,他们都热情接收。有一次,漯河市杂技团一个同志来加工 3 个木球。红光制刷旋木组的职工听说顾客是从几百里外来开封的,就连夜精心旋制了 3 个木球。当这位顾客拿到自己所需要的木球时,高兴地说:"你们真是全心全意为人民服务啊!"

【选自《人民日报》1972 年 12 月 22 日】

1973

北京市朝阳区酒仙桥街道党委依靠群众搞好校外教育^①

校外教育涉及各个方面,要加强党委的统一领导,充分发动群众,把各方面的力量拧成一股绳才能做好。

我们党委把校外教育工作列入议事日程。两年来,坚持每半年开一次会,研究校外教育,听取汇报,分析问题,制订措施。平时党委开会,也经常讨论这项工作。为了从组织领导上保证校外教育工作的顺利开展,我们建立了三级校外教育领导小组。整个地区的领导小组由几个大工厂的代表、公安派出所的代表、居民的代表、学校党支部的代表组成,由街道党委书记担任组长,每年召开三次会议,统一领导校外教育工作。在街道校外教育领导小组统一领导下,根据居住地点和学校的分布情况,把全地区分成六片,每片由工人、学校和居民的代表组成三结合领导小组,具体负责指导各片校外教育工作。各片又以居委会为单位,由职工、居民和教师的代表组成领导小组具体安排、组织校外教育工作。三级领导小组的建立,把学校、社会、家庭的力量动员起来,从组织领导上保证了校外教育工作的顺利开展。

我们建立了一支以工人阶级为主体的(包括教师、革命居民)校外辅导员队伍。到目前为止,有各大工厂派出的优秀工人辅导员 27 名,由工厂推荐、街道党委聘请的业余工人辅导员 50 多名,居民辅导员 80 名,中学生辅导员 230 名。这些校外辅导员热爱教育工作,认真负责地组织学生的课外学习和各种有益的活动。我们地区的小学教师在人员少、任务重的情况下,不仅做好了校内工作,每天还抽出一定时间管校外教育,出主意,想办法,成了工人、居民校外辅导员的好参谋。

我们以路线教育为纲,按照党的教育方针,开展了丰富多彩的、有教育意义的校外活动。

1. 对学生进行阶级教育和路线教育。针对青少年缺少政治经验和社会生活经验,不善于把新中国同旧中国加以比较的特点,校外学习班注意对学生进

---

① 原文标题为《依靠群众搞好校外教育》。

行生动具体的阶级斗争和路线斗争的教育。经常请苦大仇深的老工人、贫下中农作忆苦思甜报告,培养少年儿童爱憎分明的无产阶级立场和思想感情。还组织他们参加地区的政治活动,批判资产阶级的歪风邪气,配合红卫连站岗、放哨、巡逻、值班,维护首都革命秩序等,使他们在实际斗争中受到锻炼,提高抵制资产阶级思想侵蚀的能力。

2.互帮互学,努力学好社会主义文化课。在校外学习班,学生们在校外辅导员的指导下,认真复习功课,努力完成作业。他们还开展兵教兵的互帮互学活动,给因事、因病请假的同学补课。学生们的学习质量普遍有了提高,也培养和锻炼了一批小干部。酒仙桥一小五年级有一个学生,一度受"读书无用论"的影响,学习成绩很差。他在校外辅导员和同学的耐心帮助下,提高了为革命而学的积极性,进步很快,受到老师和同学的称赞。

3.参加力所能及的劳动。校外学习班还组织学生们搞卫生,植树造林,采集药材,拣废钢铁等。如大山子地区校外学习班发动同学,开展了为生产队积肥的活动,既教育了学生,又支援了农业生产。这些活动增强了少年儿童的劳动观点,培养了他们热爱劳动人民的感情。不少同学主动帮助双职工买煤、买菜。广大职工赞扬说:"这些孩子真是人民的好勤务员啊!"

4.开展丰富多彩的文体活动。经常举行故事会、歌咏比赛、看电影活动、图书阅览、文艺演出、各项球类和游泳比赛等,使少年儿童在德育、智育、体育几方面都得到生动活泼的发展,也活跃了街坊里的气氛。

在暑假中,同学们在工人辅导员的帮助下,利用工厂给的废旧物资砌乒乓球台29个,修篮球架5个、足球门1个、排球网1个、单杠3个,工厂还给了一批连环画,为开展文体活动创造了有利条件。

北京朝阳区酒仙桥街道党委

【选自《人民日报》1973年1月20日】

南京市街道妇女积极兴办街道工业

江苏省南京市广大街道妇女积极兴办街道工业,为社会主义革命和社会主义建设做出了贡献。

南京市的广大街道妇女和职工家属,早在 1958 年,就在党的社会主义建设总路线指引下,办起了一批小型工业企业。无产阶级文化大革命以来,她们创办的街道工业更如雨后春笋。现在全市街道厂、社已经发展到 500 多个,共有职工 2 万多人,其中女职工占 75%。这些厂、社既能生产供应本地人民生活需要的小商品,也能制造车床、刨床等大中型机械产品;既能生产精密度较高的仪表、无线电元件,也能搞像玻璃钢这样新兴的玻璃纤维工业。1972 年,全市街道工业总产值比无产阶级文化大革命前的 1965 年增长 42 倍,比 1971 年增长 30% 强。

在创办街道工业的过程中,南京市广大街道妇女发扬了自力更生、艰苦创业的革命精神。于家巷居民委员会办的永红仪表社,在 1970 年开办时,资金、厂房都没有,只有 30 多个家庭妇女。但是她们没有被困难吓倒,不懂技术就向附近电表厂的老师傅学,没有房子就暂借一个不用的浴室作为厂房,缺乏资金,她们就先为大厂加工电表,把加工费作为开办费。在不到三年的时间里,这个小社就发展到有 150 多名职工,而且绝大多数都成了熟练工人。

南京市街道工业的广大妇女职工,发扬敢想敢干的革命精神,不断破除因循守旧思想,大胆创新,使企业生产水平不断提高。南京胜利皮革帆布制品厂原来只生产皮鞋和帆布制品。文化大革命中,这个厂的女工根据国家的需要,决心试制玻璃纤维。为了掌握生产玻璃纤维的基本知识,在厂党支部的领导下,孙翠英、稽芬等几个女职工,到南京玻璃纤维研究院等单位去参观学习。拉丝坩埚是生产玻璃纤维的关键设备,一般是用稀有金属制成的,一套要 5 万多元。她们发扬敢想敢干的革命精神,决心土法上马,自己制造拉丝坩埚。在兄弟厂和老师傅的帮助下,经过反复试验,终于制成了土坩埚,并且初步掌握了用土坩埚生产玻璃纤维的规律,月产玻璃丝 13 吨、玻璃布 4 万米,还试制出许多玻璃钢制品,月产值达 15 万元,为国家做出了新贡献。

在兴办街道工业的过程中,南京市广大街道妇女受到了锻炼,涌现出一大批妇女干部。在全市 500 多个街道企业中,有 300 多个单位由妇女担任第一把手。市、区、街道党组织和革委会经常组织她们读马列的书和毛主席的书,对她们进行思想和政治路线方面的教育,使她们的思想政治水平和工作能力不断提高。

【选自《人民日报》1973 年 3 月 11 日】

长沙市南区街道小巷读书声①

  在长沙市当年毛主席举办的工人夜校附近的小街深巷里，经常可以看到一些头发花白的婆婆，戴着老花眼镜，孜孜不倦地读书。她们是长沙市南区新兴路居委会政治夜校的学员。

  新兴路居委会的政治夜校是在党的九届二中全会以后办起来的。居委会主任游玉华听了九届二中全会公报以后，心想："党中央号召学习马列主义、毛泽东思想，我们街道干部识字不多，有的还不识字，怎么读马列的书、毛主席的书呢？"一次，她去湖南第一师范学校参观，看不懂毛主席当年办工人夜校出的招生广告，还得别人念给她听，感受到没有文化的痛苦。参观回来，她和居委会几个委员一商量，在街道党支部的支持下，办起了政治夜校。

  开学那天，游玉华领着大家到湖南第一师范去参观。在工人夜校旧址，她给大家讲了自己过去的苦难经历。解放前，游玉华从来没进过学校门，14岁到烟厂当童工。一次发工资，本可以领到五斗米的钱，工头只给她二斗五升米的钱。她问工头，工头把账本往她面前一扔，恶狠狠地说："白纸黑字，你自己去算吧！"游玉华一个字也不认得，半个月的活就这样白干了。她对大家说："旧社会三座大山压在劳动人民头上，妇女在最底层，过的是牛马不如的生活，哪里还能读书！新社会要是我们还戴着文盲帽子，那就对不起毛主席！"她的一席话鼓起了大家学习文化的劲头。两年多来，这些婆婆以毛主席著作为课本，既学文化，又学政治，读完了《为人民服务》《纪念白求恩》《愚公移山》，又读毛主席的五篇哲学著作。

  老人们家务事多，记忆力又不好，好容易挤点时间认得几个字，过几天又忘了。但她们在困难面前毫不气馁，有空就学，见人就问，连小学生都是她们的老师。

  为了学好文化，出现了一些"读书迷"。57岁的民政主任唐佩贞就是其中的一个。一次，她买了一张电影票，准备晚上学过文化后去看。这天晚上，她

---

  ① 原文标题为《街道小巷读书声》。

认完了字,又拿起笔来学写字,写了又念,念了又默写。正当她收拾纸笔准备去看电影时,墙上的挂钟当当地敲了十下,电影该散场了。唐佩贞自己也觉得奇怪:"怎么打八点、九点的时候我没听见?"别人说:"你读书写字入了迷嘛!"从此,她的"读书迷"的名字就传开了。

现在,这些婆婆大多摘掉了文盲帽子,有11个还学会了写信。居委会的9个大批判组,有8个组由她们担任负责人。在批修整风中,她们写了130多篇批判文章。她们还编写街史:"一个南门口,新旧两重天,今日兴旺幸福街,昔日吃人鬼门关。"写出了新旧社会的对比。

有了文化,她们在参加街道工厂生产中很快学会了投料配比计算方法,提高了产品质量,受到加工单位的好评。

【选自《人民日报》1973 年 4 月 17 日】

西安市多方关心少年儿童的校外教育①

　　西安市社会各方面都积极关心少年儿童的校外教育。每逢学校放学以后或者到了假期，全市许多街道、庭院和廊道里就显得格外活跃。少年儿童们来到街道文化活动站，有的做作业、复习功课，有的看图书、听故事、做游戏，有的还在校外辅导员带领下，为烈军属做好事，参加社会公益劳动。这些丰富多彩的校外活动，使广大少年儿童的身心得到了健康成长。

　　目前，西安市已经办起了 500 多个街道文化活动站，作为少年儿童校外教育的阵地。校外辅导员队伍已经发展到 1000 多人。

　　这些街道文化活动站，都是在西安市各级党组织的领导和社会各方面的协助下，依靠群众，根据自力更生、勤俭节约的原则办起来的。一位居民老大娘主动腾出多余的房子，再三要求把街道文化活动站办在她的家里。她常常把开水烧好，把院落打扫得干干净净，等着孩子们来。庙后街公社建华西巷活动站的地址原来是个垃圾堆。居民委员会发动群众自己动手平场地，拉土打坯，砌墙修房，一些干部、工人下班后也赶来帮忙，有的还找来木料做乒乓球台、书架，附近一些单位送来了图书、文化体育用具，结果很快就清除了垃圾，办起了活动站。这个街道文化活动站开办近一年来，一共只花了 30 多元。

　　许多退休老干部、老工人，街道干部和学生家长，担任了街道文化活动站的辅导员。他们积极主动地配合学校、家庭搞好少年儿童的教育。有一位街道干部在担任辅导员后，把少年儿童带到城墙下她解放前住的低矮潮湿的窑洞前，讲述旧社会她一家的悲惨遭遇，使孩子们受到生动的阶级教育。退休铁路工人刘彩泉身体不好，仍然每天拄着拐杖，亲自到活动站检查孩子们的课外学习情况，给孩子们忆苦思甜。有一个学生沾染了一些不良习气，刘彩泉先后 6 次到他家访问，14 次跟他个别谈心。经他配合学校、家庭进行长期耐心的教育，这个学生后来有了很大进步，现在已成为共青团员。

　　全市 500 多个街道文化活动站，大都根据少年儿童的特点和可能的条件，

---

　　① 　原文标题为《多方关心少年儿童的校外教育》。

成立校外学习小组、科技小组,建立小图书箱等。有的还举办画展,放映幻灯,播电视,进行小型体育比赛,开展文艺宣传活动。富有教育意义的各种校外活动,培育着广大少年儿童的共产主义道德品质。参加太华路公社东童村等4个活动站校外活动的少年儿童们,组织起来,长年坚持给烈军属担水,拆洗被子,进行卫生大扫除,疏通下水道。庙后街小学的学生高新民,在听了校外辅导员讲高玉宝写的《我要读书》的故事后,想想旧社会穷人孩子读书的艰难,比比自己今天的幸福生活,更加努力学习,进步很快。青年路小学的学生杨白女学习了雷锋的事迹以后,把节约下来的零花钱一分两分、一角两角地储蓄起来,支援国家建设。在她的带动下,许多少年儿童也养成了勤俭的习惯。广大少年儿童的这些新思想、新风尚就像繁盛的春花,开放在古城西安的每一个角落。

　　长春市二道河子区的少年儿童校外教育工作开展得很好。区里的工厂、公社、街道一般都设有校外教育领导小组,由工人、学校教师、家长参加,负责研究少年儿童的校外教育计划,解决活动场地问题,安排活动内容。全区少年儿童按年级就近组成了4400多个校外活动小组。区里的文化馆、公园、影剧院、体育场、商店等单位,也为少年儿童开辟了阅览室、活动区、影剧专场、商品专柜。少年儿童放学、放假以后,可以参加各种生动活泼的校外活动。

　　全区现有校外辅导员3700多人,大多是工人。他们利用业余时间,积极热情地辅导少年儿童校外小组活动。校外辅导员经常和学校、家长取得联系,按照校内校外教育计划,给少年儿童讲家史、厂史,讲英雄人物成长的故事,组织他们学雷锋。八里堡公社第十三居民委员会的校外教育领导小组,经常请老工人、老贫农给少年儿童作忆苦思甜报告,用讲家史、厂史、街道史的方法,引导孩子们开展"听爷爷奶奶讲过去,和爸爸妈妈比童年"的活动。通过这些活动,孩子们懂得劳动人民过去为什么那样苦,现在为什么又这样幸福,从而受到了阶级教育,加深了对毛主席的热爱,提高了为革命而努力学习的自觉性。有的校外辅导员还带领少年儿童参观工厂,参加力所能及的劳动,听工人叔叔讲他们为建设社会主义而忘我劳动的先进事迹,学习工人阶级的优秀品质。有的校外辅导员根据少年儿童的不同爱好,辅导他们做木偶、幻灯,学针灸、作物栽培等,使其从中增长科学文化知识。

　　这个区在开展少年儿童校外教育活动时,注意贯彻勤俭节约的原则。校外活动小组所需的报刊图书、文化体育用品等费用,都通过自力更生解决。和顺小学的学生在开展校外乒乓球活动中,所用的球台、球拍、球网都是利用废旧材料制作的。吉林省军区仓库校外教育领导小组把解放军的光荣传统传给少年儿童,不仅教他们缝补衣服、钉纽扣、挑粪、种菜,还带领他们利用废旧材料制成了多种玩具、教具和科技模型。

为了不断提高校外教育工作的质量,中共二道河子区委经常总结和推广这方面的先进经验。近两年来,他们先后召开了四次校外教育工作经验交流会,在全区推广了八里堡公社、长春市石棉厂、和顺小学等九个先进典型的经验。在区委的领导下,全区热心做好少年儿童校外教育工作的人越来越多,校外教育工作越做越好。

【选自《人民日报》1973 年 6 月 1 日】

杭州市上城区城站街道羊线弄居民区
整顿居民区组织^①

在批林整风,进行思想和政治路线教育的基础上,城站街道党委对羊线弄居民区进行了组织整顿,调整、充实了居民委员会。

羊线弄居民区有居民 320 户,1180 人。原有居民小组 7 个,小组组长以上干部 18 人(其中居革会成员 9 人)。几年来,这个居民区的干部和群众,做了不少工作,取得了一定成绩。但是由于多种原因,加上居革会成员平均年龄比较大,最大的已有 72 岁,居民区名义上有 18 个干部,实际出来工作的干部只有四五个,使居民区的工作不能带来一些影响,比如,在居民区中有一定劳动能力的人较多,她们迫切要求组织起来。因为无人挑担子,居民生产加工是个空白点。经过整顿,调整、充实了干部,扩大了积极分子队伍,健全了组织,各项工作开始有新的起色。居民委员会由 7 名成员组成(其中退休工人 4 名,职工家属 3 名,党员 2 名)^②,正副主任 3 名,居委会下设治保、爱卫 2 个工作委员会,它们的主任分别由居委会副主任兼任,生产福利小组由 1 名居委会委员兼任组长,由 2 名委员分别兼管政治学习和纠纷调解工作。同时也整顿了居民区的妇女组织,有 1 名居委会成员担任妇代会主任。居民小组由 7 个调整为 5 个,设"两长三员"(即正副组长,宣传员、治保员、卫生员)。现在居民小组组长以上干部(包括"三员")有 26 名。居民区已办起了一个"五七"小组,参加人员逐步扩大到 20 多人,建立和健全了学习制度,坚持每周二、五两天学习一小时,学文件,读报纸,干部之间加强了团结,心比较齐,街道布置的任务,共同研究,分工协作,大家积极去干。知识青年上山下乡动员工作和卫生工作最近都搞得比较好。

这次羊线弄居民区的组织整顿工作,是在街道党委统一领导、工作组积极配合、外勤和民警密切协作下进行的。整个工作花了 15 天左右的时间,其中群众(主要是居民骨干)活动的时间约 20 小时,具体做法分三个阶段进行。

---

①　原文标题为《以路线教育为纲　整顿居民区组织——羊线弄居民区试点情况》。
②　原文分类有重叠。——编者注

一是准备阶段。首先内部统一认识,街道党委、工作组,以及街道、派出所的有关同志共同研究制定方案,确定专人负责。在此基础上,召开革委会扩大会议,讲清为什么要整顿的道理,征求他们怎么整顿好的意见,统一认识、做法。与此同时,对干部进行了排队分析,为下一步改选做到心中有数。经过分析,原有18名干部在政治上都是好的,未发现重大问题。有的已外出工作,有的常年生病不出来工作,确有一些干部是有名无实了。为了充实居民干部队伍,同居民区党支部和骨干一起,根据前段批林整风,根据思想政治路线教育中的现实表现,在群众中排出了18名积极分子,经过审查,除一人不适宜担任居民委员外,其他均认为不错,名单基本确定后,通过座谈会和个别谈话,进一步了解这批积极分子的现实思想,做思想政治工作,为以后担任居民干部打下思想基础。在这个阶段,还做了必要的材料准备,如宣传教育提纲,居革会工作总结等。

二是宣传教育阶段。主要做了两件事:办好骨干学习班;开好居民群众大会,进行路线教育。学习班有28名骨干参加。在学习班中,骨干学习了毛主席有关指示,讨论了形势、任务和居民区的地位、作用,认识调整、充实居民干部,加强居民区建设的重要性,使他们树立当居民干部的责任感和光荣感。通过学习,这些骨干的政治觉悟、思想认识都有提高,表示要按照毛主席的革命路线,积极搞好工作。退休工人马素珍(现是居委会委员)说:"我们退休工人享的是毛主席的福,回来以后应该做此工作。人家光尽义务也在积极干,我们更应该为人民多做些事。"有的老委员也表示,要通过这次整顿,加强新老干部之间的团结,焕发精神,改变居民区的面貌。

召开居民群众大会,就是进行一次思想和政治路线方面的教育。街道负责同志结合街道居民区的实际,向群众进行了党和基本路线教育,党的九大路线教育。宣传居民区的地位、作用、成绩、贡献。强调整顿组织,调整、充实干部,是形势的需要,也是广大干部和群众的要求,号召大家按照毛主席关于接班人的五个条件,提名、选择干部。

三是调整、充实阶段。由于前两个阶段的工作做得比较深、细,结果内定干部和群众的提名基本一致,个别有出入的,再做群众的工作。在此基础上,民主协商、选举居委会和其他组织,除居委会成员,治安、爱卫委员会福利小组和妇代会的负责人均经街道党委审批外,其他干部由居民党支部、居委会会同街道干部和民警提名研究决定,然后向群众公布。

通过羊线弄居民区组织整顿,调整、充实干部的实践,街道党委和工作组的同志体会到：

1.在整个工作过程中,必须以路线教育为纲,突出思想整顿,把思想和路线教育放在首位。这次搞整顿,不仅仅是"换块牌子,调整班子"解决组织上的问题。整顿是为了更好地贯彻执行毛主席的革命路线,把巩固无产阶级专政的根本任务落实到居民区,而不是为整顿而整顿。在分析、物色干部时,强调党的阶级路线和政策,正确评价居民干部和选择新的积极分子,从实际出发,不能肯定一切或否定一切。在向群众宣传教育时,要强调柯老生前对居民区地位作用的正确论述,强调按照毛主席的革命路线,加强居民区建设的重要性和必要性,使大家受到一次党的基本路线的教育。在召开各种座谈会时,鼓励和教育干部要热爱居民工作,团结一致,共同努力搞好居民工作,使大家受到一次党的"九大"路线的教育,提高三个觉悟。

2.鉴于居民区整顿工作的复杂性,必须做过细的工作。特别是在选择、使用干部时,更要按照党的政策,重视调查研究,做过细的思想政治工作。在这方面,既要做当选干部的工作,又要做落选干部的工作,还要慎重地进行社会调查和内部分析工作。如羊线弄居民区有个退休工人(党员),患有一定疾病,动员他干居民工作,开始他不想干,同他先后谈了三次,总算想通了,当了个委员,但他又有想法,认为群众当副主任,自己是党员却只当了委员,有点想不通。后来又同他一起进行阶级回忆对比,使他正确对待分工,为劳动人民掌好权,用好权。现在他负责青少年的教育工作,每周一、四两个下午组织青少年学习,并组织青少年开展文娱活动,工作很积极。还有一个原居革会副主任,因她长期外出工作,这次没选上,由于事先主动去向她说明情况,做了工作,她心情舒畅,表示不当居民委员也要关心居民工作。在物色积极分子的过程中,在羊线弄居民区遇到这样三种情况:一个是本人有问题,一个是直系亲属有问题,一个是有复杂社会关系。对此不轻易做决定,取谁舍谁,而是进行反复的调查和分析,按照党的政策办事。结果第一个人尽管本人有工作能力,但有特嫌,是内控对象,就剔除了。第二个人,她丈夫属一般政历问题,并已有结论。第三个人虽有社会关系,但问题不大,与他关系不密切。后两人都用了。

3.在安排干部分工时,必须有全局观点,通盘考虑。特别是在具体工作中,街道外勤与派出所民警统一认识,密切配合,相互谅解,从工作出发通盘考虑干部的分工,防止我要你争的情况出现尤为重要。遇有一时不能统一的问题,应由党委统一研究决定。这也是在调整、充实居民委员会时必须注意掌握的问题。

　　此外,在整顿过程中,也要帮助居民区解决一些实际问题。整顿前,羊线弄居民区没有一个生产加工小组,而群众迫切要求走"五七"道路,街道花了一定力量,协助居民区与有关单位联系,办起了服装加工小组。居委会的办公用房,同房管部门几次协商后,终于得到了解决。对此群众高兴,干部也开心。

1973 年 8 月 14 日

【选自《上城简报》第 8 期　由杭州市上城区档案馆提供】

沙县城关镇党委从街道妇女中发展党员

　　沙县城关镇党委在培养和发展街道女党员的工作中,首先帮助一些干部克服轻视妇女的错误思想。党委主要负责人多次在干部会和妇女工作会议上,组织大家学习毛主席有关妇女工作的教导,讲述发展女党员的重要意义,并且列举本镇大量事实,说明街道妇女在按照毛主席的革命路线改造消费城镇的斗争中的积极作用,使干部克服了错误思想,提高了认识,认真抓起了发展街道妇女入党的工作。七街青年妇女陈丽珍,经过无产阶级文化大革命的锻炼,阶级斗争和路线斗争觉悟有了提高,被推选为城关镇革委会委员、沙县革委会常委。为了进一步培养陈丽珍,镇党委针对她长期脱离农业生产劳动的情况,让她带领一支耕山队到城郊开荒,发展农业生产。陈丽珍在艰苦的劳动中进一步改造了思想,增长了才干,入了党,并被提拔为七街党支部书记。

　　妇女积极分子入党后,这个镇党委继续抓紧对她们进行思想和政治路线方面的教育,不断提高她们继续革命的觉悟。去年5月以来,这个镇党委坚持每月上一次党课,对女党员和妇女积极分子进行党的基本知识的教育,还采取办学习班和每周集体学习半天的办法,紧密联系批修整风,组织女党员认真读马列的书和毛主席的书。现在这个镇的女党员普遍通读了毛主席五篇哲学著作,部分人读完了《共产党宣言》《国家与革命》等马列著作。

　　沙县城关镇党委由于重视在街道妇女中培养和发展党员,进一步加强了党的建设,有力地推动了改造消费城镇的工作。原来全镇只有一个党支部,现在五个街道、一个综合企业、一个镇机关都建立了党支部。无产阶级文化大革命前,街道妇女中没有一个党员,现在发展了16名党员,其中有4名担任了党支部正副书记。这些女党员和全体党员一道,积极组织群众走"五七"道路,创办耕山队,办街道小工厂,发展街道生产。目前,全镇已办耕山队5支,农场一所,共有155名街道居民在这些队、场劳动。耕种土地501亩,年产粮食达22万多斤。镇办企业8个,街道办企业18个,在这些企业中劳动的街道居民有489人,年产值达36万元。

【选自《人民日报》1973年8月24日】

杭州市上城区城站街道革委会
关于居委会干部实行新生活补贴的通知①

根据区委〔1973〕字第 48 号文件规定精神，经街道党委研究决定：

1. 街道所属 14 个居民区的支书正副主任共 45 人，从 1973 年 11 月份起实行生活补贴。

2. 区革委会每月拨给的每个居民区 15 元的补贴，从中提取三分之一，即 5 元当作全体居民干部的特殊困难临时补贴，正副主任补贴的不足部分，由街道所收的卫生费列支。

3. 补贴标准：无收入的每人每月补 20 元，有收入的退休工人每人每月补 12 元。

4. 原已在居民区"五七"加工组的 16 人，仍由"五七"加工组支付，标准不变，还有 29 名根据上述第三点规定由街道付给，每月 10 日发放。现将由街道发放的名单列下：

居民区	姓　名	金　额
立新路	唐招第	20 元
城站路	张阿莲	20 元
城站路	叶宝珠	20 元
立新路	邱竺英	20 元
火炬巷	蔡庆法	12 元
火炬巷	汤阿文	12 元
建　工	孙松林	20 元
建　工	章伯和	12 元
二　桥	冯玉英	20 元
二　桥	孟阿仙	12 元

---

① 原文标题为《关于居委会干部实行新生活补贴的通知》。

三　桥	杨高奎	12 元
三　桥	马秀英	20 元
三　桥	孙顺宝	20 元
红星巷	应阿五	12 元
红星巷	吴友法	12 元
红星巷	林双喜	12 元(暂不支付)
郭东园巷	杨炳甫	12 元
郭东园巷	王惠兴	20 元
郭东园巷	汤中意	20 元
羊绒弄	钟云剑	20 元
羊绒弄	王大多	20 元
羊绒弄	张连根	12 元
羊绒弄	陶金坤	12 元
建新巷	陈志水	12 元
建新巷	沃俊楚	12 元
江城路	陆美珍	12 元
江城路	吴有潮	12 元
江城路	徐彩香	20 元
建　一	杨秀珍	20 元

共 29 人 460 元。

杭州市上城区城站街道革命委员会

1973 年 11 月 15 日

【由杭州市上城区档案馆提供】

杭州市上城区委关于 1973 年街道、
居民区工作年终总结的通知①

上委〔1973〕80 号

各街道党委：

　　遵照伟大领袖毛主席"要认真总结经验"的教导，在 1974 年新年前后，对 1973 年街道、居民区工作应进行一次认真的总结。现将有关事项通知如下：

　　一、年终总结应发动干部群众深入学习十大文件、贯彻十大精神，以党的基本路线为纲，认真检查总结今年以来街道、居民区的各项工作，并把它作为一次生动、实际的思想和政治路线教育来抓，进一步提高广大干部和群众的阶级斗争、路线斗争和继续革命的觉悟。调动积极因素，推动各项工作，更好地完成党的十大提出的各项战斗任务。

　　二、年终总结要着重围绕一年来批林整风的主要收获，认真总结在思想和组织建设方面的经验，以及在做好治安保卫、纠纷调解、爱国卫生、计划生育、动员知识青年上山下乡、抓好青少年教育、战备联防、储蓄、节粮、巩固发展居民区生产生活服务事业等工作和加强党的一元化领导，发挥群众组织作用等方面的经验，充分肯定成绩，找出当前存在的主要问题，研究改进措施。各单位根据不同情况，突出重点，抓好一两个问题。总结好经验。

　　三、在总结工作中要认真贯彻群众路线。首先在总结前段时间学习十大文件的基础上，做好思想动员，统一思想认识。然后发动群众摆进步、谈体会、提建议。最后，集中群众的意见，进行全面或单项的总结，提出明年的努力方向。

　　四、通过年终总结，表扬先进，树立样子。对于表现突出的单位和个人，主要从政治上着眼，采取授奖、表扬等多种形式，给予鼓励表彰。先进集体可发给奖状，先进个人除了在政治上进行鼓励外可发给适当的纪念品。但奖励的面不宜过广，也不要搞比例，搞平衡，要有利于调动积极因素，有利于革命团结。

---

　　①　原文标题为《关于 1973 年街道、居民区工作年终总结的通知》。

　　五、加强年终总结的领导。街道党委对于这项工作的开展要统筹兼顾。妥善安排，制订好具体计划，与当前各项工作有机结合。具体如何进行，每个街道可先搞个居民区试点。在取得经验后，全面开展。在总结工作中，要坚持政治挂帅，认真做好思想政治工作。要充分发扬民主，给群众以讲话的机会。领导要虚心听取不同的意见，热情欢迎群众的批评和建议，以进一步活跃民主生活，密切干群关系，增强革命团结。在群众性总结之后，在充分做好准备工作的基础上，以街道为单位，开好街道、居民区工作先进集体（个人）代表会议。此项工作时间不强求一致，但望各街道抓紧进行，争取在春节前结束。

中共杭州市上城区委

1973 年 12 月 12 日

【由杭州市上城区档案馆提供】

1975

1975

北京市和平里街道居民兴办生活服务事业的调查^①

北京市东城区和平里街道党委和革委会,在批林整风和批林批孔运动中,发动街道居民自己动手兴办生活服务事业,担当起组织群众生活的任务,减轻了广大职工的家务负担,支援了生产和工作。街道上出现的这件新事,是批林整风和批林批孔运动的成果,它使家务劳动社会化的程度逐步提高,有着重要的政治意义。

毛主席教导说:"一切群众的实际生活问题,都是我们应当注意的问题。"和平里街道党委和革委会在发动街道居民走"五七"道路时,由于没有正确处理革命、生产和群众生活的关系,曾经出现了"重生产,轻服务"的偏向。后来他们学习毛主席的教导,检查纠正了这种偏向,发动群众统筹安排,兴办由居民委员会经营管理的综合服务站、红医站、儿童校外活动站、商品代销店、代营饭馆和托儿所等生活服务事业,补充了国营商业、服务业和福利事业的不足,较好地解决了群众生活中的一些实际问题,使职工们能够安心抓革命、促生产、促工作、促战备,也促进了街道的革命化建设,受到广大群众的欢迎。

群众的事靠群众办

和平里街道是由解放后有几百户人家的三个小村迅速发展起来的新居民区,住有 16000 多户,66000 多人,还有上百个机关、工厂、学校等单位。为了便利群众生活,国家陆续在这一带设立了各类商店、服务业和福利设施,但仍然赶不上形势发展的需要。近几年来,街道党委和革委会在有关部门协助下,试办了一些商品代销店、代营饭馆、红医站和儿童校外活动站,群众反映很好。1974 年他们围绕着批林批孔这个中心,举办街道党支部和居委会领导骨干学习班,学习毛主席的《关心群众生活,注意工作方法》等著作,使大家理解了兴办生活服务事业的重要意义。街道干部们说:"民主革命时期,毛主席就要革

---

① 原文标题为《城市街道的一项重要任务——北京市和平里街道居民兴办生活服务事业的调查》。

命根据地的党政干部担负起'组织革命战争，改良群众生活'两大任务，真心实意地解决群众的穿衣、吃饭、柴米油盐、疾病卫生等问题，以团结千百万群众，夺取革命政权。今天我们要巩固无产阶级专政，建设社会主义，仍然必须把群众切身生活问题提到自己的议事日程上。他们批判了那种认为'街道办工厂省事又赚钱，搞服务钱少，麻烦不合算'的错误观点，调动起搞好各项群众生活服务事业的积极性。"

　　和平里街道党委和革委会在筹办过程中，特别注意发动群众，依靠大家来办。街道干部深入住户访问，召开居民大会，动员群众组织起来。又邀请驻在这个地区的国家机关、工商企业和部队开座谈会，讲清街道兴办生活服务事业的目的和意义，取得他们的支持和配合，从而调动了各方面的积极性。

　　群众齐了心，一切事情就好办了。服务人员不足，有几百名街道企业中的生产人员自愿改行做服务工作，还有 100 多名职工家属妥善安排家务后积极报名参加；房屋、设备不够，许多居委会因陋就简，组织居民自己动手筹建，各方面也大力支援。目前，和平里街道所属的 23 个居民委员会开办的各种服务点达 120 多个，比文化大革命前增加 8 倍以上，而且服务项目初步成龙配套，布局也比较合理。

街道办生活服务事业实在好

　　和平里街道办的生活服务事业，不仅投资少，见效快，为国家节省人力、物力和财政开支，而且还有四个方面的好处：

　　一、方便了群众生活。街道办的各项服务事业，布点多，比较分散，大都设在小胡同、大院里和楼群间，而且开门早，关门晚，经营方式灵活多样，人们日常需要的油盐酱醋、纸烟、火柴、肥皂等，随时能就近买到。有的代营饭馆考虑到一些双职工子女无人做饭，便增加了"包饭"业务。遇到附近住户中有的老人生病，还给单做病号饭。有的综合服务站把日用生活品的修理也承担起来，如磨刀剪，修理拉锁、雨伞、炊具等，深受群众欢迎。

　　二、支持了生产和工作。一些家有病残老人或幼儿无处入托的双职工，过去为照顾老人看病和照料孩子，花费了不少精力和时间，有时还要影响生产和工作。街道有了红医站和托儿所以后，他们的家务负担就减轻了。这个街道办的托儿所，目前已经由原来的 4 个发展到 13 个。今年以来这一带有几百个家庭解脱了孩子的拖累。

三、让社会主义占领校外教育阵地，有利于少年儿童健康成长。和平里街道许多中小学的学生放学以后，在家无人管理，街道上资产阶级同无产阶级争夺青少年的斗争很激烈。针对这一情况，许多居委会建立了儿童校外活动站。他们聘请退休老工人、老干部和附近工厂的工人、学校教师担任辅导员，把小学生和部分中学生组织起来，在课余和节假日开展有益的活动。他们组织青少年复习功课，看革命图书，讲革命故事，进行球类比赛，参观批林批孔展览，举办忆苦思甜报告，为烈军属办好事，打扫环境卫生等。通过各种有益的活动，少年儿童们受到了阶级教育、革命传统教育和遵守革命纪律的教育，使他们在德育、智育、体育方面全面发展。

四、加强了街道的思想建设和组织建设，有利于无产阶级专政落实到基层。由于兴办生活服务事业，街道居民进一步组织起来，更多的家庭妇女从家务劳动中解放出来，投身到社会主义建设的行列。和平里地区原先有2000多名有劳动能力的居民和职工家属没有组织起来，现在已经有1700多人参加了集体生产和社会服务工作。通过批林批孔、看书学习和为人民服务的实际锻炼，他们开阔了眼界，提高了阶级斗争和路线斗争觉悟，其中有40多名优秀分子加入了中国共产党。在这个地区，居委会普遍建立了党支部，党的领导加强了，社会主义新风尚大发扬，无产阶级专政进一步落实到街道基层。

加强领导　注意政策

街道兴办生活服务事业，是关系到进一步组织好城市人民生活，促进生产建设事业的发展，按无产阶级面貌改造街道、建设街道的一件大事。要使这项工作有领导地逐步发展，并且坚持办下去，从和平里街道的实践经验看，应注意解决好以下几个问题：

一、必须加强党的一元化领导，加强政治思想工作，坚持社会主义方向，反对资本主义经营思想和经营作风。商品代销店、代营饭馆、综合服务站必须严格执行国家的统一价格政策和商品供应政策。各项收入和街道办的居民生产加工企业要实行统一核算，统一分配。各项业务都要由各主管部门归口指导。

二、坚持自力更生、勤俭办一切事业的原则。街道办生活服务事业所需要的房屋、设备，首先由街道依靠群众，挖掘潜力，因陋就简，自己解决。同时，城市建设、物资管理、文教卫生和财贸部门要关心支持，帮助解决一些困难。街道办的托儿所、儿童校外活动站和红医站收入很少，有的甚至没有收入，宜采取民办公助的办法,经费不足部分可由区、市有关部门酌情补贴。有营业收入的商品代销店、代营饭馆和综合服务站,商业和财政主管部门在收益分配和税收政策上也需要给以适当照顾,使其有所积累,以鼓励其发展。

三、把必要的原材料和机具设备的供应纳入国家计划。这是坚持办好街道生活服务事业的一个重要条件。和平里街道和有关方面吸取以往的经验教训,对街道开办的理发、缝纫、黑白铁和自行车修理、废品回收、代营饭馆等服务单位所必需的原材料、机具设备,从长远建设着眼,努力保证供应,并正在进一步研究列入统一计划,固定供应渠道。

四、街道生活服务事业的人员配备,除组织居民和退休职工参加,以及从街道工厂调剂一部分外,计划部门在劳动力调配计划中应加以统筹安排。

中共北京市东城区调查组
【选自《人民日报》1975 年 1 月 12 日】

河北省张家口市办好街道群防站①

我市街道群众防病治病服务站(简称群防站)是在 1971 年开始举办的。三年多来的实践证明,街道群防站是依靠集体和群众的力量办卫生事业,解决城市医疗卫生问题的一种好形式。

各街道建立群防站以后,医院的门诊量减少了,也方便了群众治病。1974年,10 个群防站就为街道办的工厂职工和街道居民诊治疾病 95000 多人次,设家庭病床 3300 多张,为从医院带回针剂的患者注射 22800 多人次。居民戴连英患风湿性心脏病,半身不遂,她的儿子经常为陪她到医院看病影响工作。群防站为她开设了家庭病床,不但给她积极治疗,并且帮助她料理家务,她的病已一天天好起来。

群防站坚持"预防为主"的方针,利用各种形式向群众宣传卫生防病知识,组织居民开展爱国卫生运动,建立和健全了疫情报告组织,加强了传染病管理。市区 10 个街道办事处的 146 个居民委员会,建立和健全了疫情报告站,培训了 294 名卫生员和疫情报告员,做到了有疫情早发现、早报告、早隔离、早治疗。

群防站还为 33 所小学的 24000 多名学生和 23000 多名学龄前儿童建立了预防接种卡片,有计划地为他们进行了预防接种,增强了少年儿童的免疫力。

群防站还是计划生育宣传站和避孕技术指导站。他们经常深入群众,利用大会小会宣传计划生育的重大意义,主动发放避孕药具,有力地推动了计划生育工作的开展。桥西区卫国街的群防站,在批林批孔运动中,组织街道居民就计划生育问题展开讨论,进一步提高了群众的思想觉悟。1974 年,全市人口的自然增长率已降到 4.75‰。

河北省张家口市卫生局

【选自《人民日报》1975 年 8 月 3 日】

---

① 原文标题为《办好街道群防站》。

北京市北新桥街道办起一批小型卫生防治站①

北京市北新桥街道党委在街道各居民点办起了一批小型卫生防治站，大大便利了街道居民的防病治病，对群众抓革命、促生产起了积极作用。

城市街道办卫生防治站，是无产阶级文化大革命中产生的新事物。城市医院多，享受劳动保险和公费医疗的人多，街道卫生防治站有没有必要办？北新桥街道党委曾就这一问题做了调查研究。他们发现城市医疗条件虽然好，但由于人口密集，医院门诊量大，看病耽误时间。有些老人体弱多病，去医院行动不便。小孩夜间得点小病也得去医院诊治，影响父母第二天抓革命、促生产。居民群众迫切要求办卫生防治站，这也是搞好革命和生产的需要。于是，他们在广大群众的支持下，在本街道先后建立起 30 个小型卫生防治站，选拔和培训了 90 多名家庭妇女当卫生员。

卫生防治站以针灸、按摩等中医疗法为主，看病随叫随到。每到换季之前，卫生员们把预防感冒、痢疾等疾病的汤药送到街道"五七"工厂的班组和居民大院里给大家服用。不仅居民有病能及时治疗，也为公费医疗的病人提供方便。四年来，这些家庭妇女出身的卫生员走遍大街小巷，送医送药，积极开展卫生防治工作，为慢性病人建立家庭病床，宣传计划生育。居民群众高兴地说："卫生防治站在眼前，有病不犯难。"

在北新桥街道党委的领导下，卫生防治站的卫生员克服文化低、家务劳动多等困难，努力学习马克思主义、列宁主义、毛泽东思想，学习防病治病技术，一心一意当好抓革命、促生产的后勤战士。城市医院也经常为这些防治站卫生员举办学习班，定期派医生来帮助。卫生员们刻苦学习针灸技术，亲自尝中草药，体会药效，然后用于病人。北门仓防治站的卫生员了解到龙葵能消炎，就到郊区采回药亲自试服，然后把龙葵同青蒿、桑叶、野菊等做成治疗扁桃腺炎的汤药，效果良好。东直门内有位军属大娘患病，半身不遂。经大医院住院治疗，手脚仍不能自由活动，口流涎水。反修路防治站和东内西防治站就派出

---

① 原文标题为《北京市北新桥街道办起一批小型卫生防治站　便利居民防病治病　提高人民健康水平》。

两名卫生员，一个按摩，一个针灸，风雨无阻地为大娘治病，并为她买菜、做饭、洗衣，坚持三个多月，这位军属大娘终于行动自如，不流口水。她儿子从部队写来感谢信，祝愿防治站办得好上加好。

卫生员们还采取多种形式，经常深入到居民大院宣传"预防为主"的方针，并且定期组织卫生大扫除，开展爱国卫生运动；定期进行预防接种、投放预防药品等。1971年以来，仅南小街防治站就进行预防注射12000多人次，发病率逐年降低。各防治站还建立儿童预防注射卡片和访视新生儿的制度。产妇从医院回到家里，卫生员就及时去宣传母子保健知识和计划生育意义，保证了产妇和幼儿的身体健康。

北新桥街道各卫生防治站买了部分西药，但主要靠"一根银针，一把草药"治病。城市没有大面积土地种植中草药，卫生员就利用墙角屋边种植或到近郊去采药。夏秋季节，他们还发动群众收集杏仁、橘皮等药材，不断扩大药源。几年来，各防治站采药、种药达5000多斤，还自制了大量中草药的丸、散、膏、片，基本上满足了这个街道地区群众防病治病的需要。

北新桥街道建立卫生防治站以来，人民的健康水平提高了，街道"五七"工厂基本上保证了全勤，产量也逐年上升。

【选自《人民日报》1975年8月12日】

武汉市江岸区组织群众办街道服务事业①

　　武汉市江岸区的居民群众,经过批林批孔运动,提高了阶级斗争和路线斗争觉悟,社会主义积极性大发扬,迫切要求走毛主席指引的光辉"五七"道路。

　　江岸区革委会根据居民群众的要求,逐步把他们组织起来,成立了"五七"服务社,兴办为群众服务的福利事业。目前,全区每个居委会都成立了红医站、托儿所、热水站、洗澡堂。

　　"五七"服务社把分散的居民组织起来,通过集体生产劳动,为社会主义建设积累资金,又为搞好街道的政治思想教育创造了条件。其中一些人经过一段时间的工作,成为街道工作中的骨干力量,推动了街道各项工作的发展。

　　几年来,全区"五七"服务社,经过试点、兴办和整顿,已走上健全发展的道路。"五七"服务社坚持无产阶级政治挂帅,批判修正主义路线,坚定地走社会主义道路,贯彻执行为工业、农业、出口加工和人民生活服务的方针,为社会主义建设事业做出了贡献。为了普遍提高居民们的生活水平,在组织参加服务社的人员时,对烈军属、职工生活较困难的户,还做到优先安排。

【选自《人民日报》1975 年 10 月 12 日】

---

　　①　原文标题为《组织群众办街道服务事业》。

天津市河东区李公楼街道积极开展群众性体育活动

天津市河东区李公楼街道居民,几年来踊跃参加体育锻炼。他们在就近的街道、小巷、院落,做体操、跳绳、踢毽子、竞走、打太极拳,搞得热火朝天。1973年以来,全街道举办了三届运动会。去年冬季还组织家庭妇女开展了一次象征性长跑活动,有800多人报名参加。

李公楼街道群众性体育活动的开展,不仅使居民增强了体质,也起到了移风易俗的作用。街道居民邱红珍以前去参加体育锻炼,婆婆有点看不惯。她就和婆婆一起批判孔孟之道,讲毛主席对人民健康的深切关怀,讲体育锻炼的好处。婆婆思想转变了,一手拉着儿媳妇,一手拉着孙女,老少三辈同上阵。居民鞠凤梅也做通了丈夫的思想工作,夫妻二人互相督促,坚持体育锻炼。

李公楼街道开展群众性体育活动,三年多来没有买过一件体育用品。投准用的小口袋、跳绳、毽子等都是群众想办法从家里找材料做成的,篮球架、乒乓球台也是自己动手做的。

李公楼街道群众性体育活动开展得这样红火,是和街道党委的领导分不开的。他们把体育工作列入议事日程,由一名副书记亲自领导。街道各级领导也身体力行,同居民一起坚持体育锻炼。体育活动的广泛开展使居民们的体质都有不同程度的增强。街道有些患有慢性病而不能工作的居民,在经过适合自己情况的体育锻炼,再加上药物治疗后,多数人病情有了好转,有的已经重返工作岗位。

【选自《人民日报》1975年11月27日】